3兆5000億円市場の警備業界に挑む

跡継ぎ息子のやり方

～2033年度には150億円企業に！～

SPD株式会社 代表取締役会長
樋口長英 著

プレジデント社

はじめに

私が本を書きたいと思いはじめたのは、30代前半のときだったと思う。しかし、そのときは書けるだけのものが自分の中になかった。

衝動的に「社長の息子がバカ息子と呼ばれないために」というブログを書いたけれど、しょうもないことしか書けず、間もなく書くことをやめた。

転機が訪れたのは、36歳のときだ。

本書を読んでもらえればわかるが、父からの一本の電話でクビを告げられた私は、大きな挫折感を味わい、ひねくれた生活を仙台で送っていた。そんな私が、大きく変わるきっかけをつかむことができたのが、この年だった。

しょうもない自分が、どうして「しょうもない」ことばかりしてきたのか、自分を深く掘り下げていくことで、「自分を知る」ことができてから、道が拓けた気がしている。といっても、当然ながら悟りを開いたわけではない。品行方正になったわけでもない。

自分がどういう人間なのかを知ったおかげで、素のままの自分をさらけ出す生き方を選択しただけだ。自分一人で何でもできるほどの力はないと気づけたおかげで、仲間に任せることができるようになった。任せるからには、最後は社長である自分が責任をとるという覚悟も定まった。失敗してもいいと思えるようになったのも、この頃からだったような気がする。

その後、ＳＰＤの社長となり、仲間とのチーム経営によって業績を伸ばすことができたのも、転機を境に周りの人に感謝することや、その温かさに気づくことができたからだと思っている。

その経験を経た今の自分が、何を考え、何をしてきたのか、これから何をしようと思っているのか。現時点の自分のことを本に書き留めておきたいという思いから筆をとった。

今は41歳。

50歳、60歳になったとき、41歳だった自分のことを振り返るための自分史を形に残しておきたい、何年後かの自分が41歳のときと比べて「成長している」と実感できればいいと思ったのだ。

だから、本書は跡継ぎ社長のためのノウハウ本ではない。

仮に、講演依頼がきても受けるつもりもない。あくまでも「樋口長英」という、自分軸で生きてきた人間が自分のために書いた本なので、本書に書かれていることと同じことをしたとしても、成功するかどうかなどわからないというのが、正直な思いだ。私も経営に関する本などをよく読んでいたし、経営コンサルタントの一倉定先生の教えは、今も経営する上で参考にさせていただいている。

しかし、教えを丸ごと真似するようなことはしない。

一倉先生や経営本に書かれていることの本質が何かを自分なりに解釈して、自分のやり方を見つけるヒントにしているだけでしかない。ノウハウ本に書かれていることに影響されて、同じことをすればうまくいくといった魔法などありはしないからだ。

それよりも、本書を通じて「自分に合ったやり方」「自分に合ったペース」「自分のやりたいこと」を見つけて、自分軸で前へ進んでいきたいと少しでも感じてもらえたら嬉しい。

また、現在のSPDが何を大切にしているのか、これから成長していくために何をしようとしているのか。その一端を知るきっかけにしていただければと思っている。

SPD株式会社 代表取締役会長 樋口長英

Contents

Chapter 2
発想の源泉！ 波乱万丈のMy Profile

Chapter 3
夢を現実に。跡継ぎリーダーの手法

Chapter 4
150億円企業に向けた〝未来ビジョン〟

Chapter 5

改革の評価。仲間は自分をどう見るか?

Chapter 1

奇想天外の、価値ある大改革を断行

ブランドスローガンを一新。「安心安全は、わくわくだ。」の意味とは？

父の代から私の代になったとき、ＳＰＤという会社を再定義する必要があると思った。これが、ブランドスローガンを「安心安全は、わくわくだ。」に一新した大きな理由だ。父が経営していた頃の会社は、「顧客第一主義」を掲げてお客様に寄り添うことを重視していた。それはとても大切なことで、これからも受け継いでいくべき文化だ。しかし、社内を見ると、徹底したトップダウンで側近や社員の多くは父の顔色をうかがいながら働いていた。それまで慣れ親しんだやり方を変えようとはしないし、組織も社風もカチコチだった。変えていかなければならないところが、そこかしこにあったのだ。

一方、私は一緒に走ってくれる仲間たちに目的を与えて任せることで、それぞれが得意分野で力を発揮していく「チーム経営」を大切にしている。社風も、社長をはじめ全員が「さん」付けで呼び合う、フラットで柔らかいものにしたいし、何より「カッコいい」会社へ生まれ変わると決めていた。要は、会社が大きく「変化する」ことを社内外へ明確に示していくためにも、社名からブランドスローガン、ロゴまですべて変える必要があると考えたわけだ。

それにスローガンや目的というものは、チームをまとめる力になる。私は学生時代、本気でプロ野球選手を目指していたのだが、それは私の目標であって、チームメンバー全員がプロを目指していたわけではない。それでも、違う目標を持ったメンバーが一つになれたのは、「甲子園へ行く！」という目的があったからだ。同じようなことは、不動産会社で働いていたときも、小さなケーキ屋を経営していたときにも感じたことだった。

また、スローガンなど「目的」とするものは、言葉にしないと共有できないことも知っていた。「みんな同じ想いを持ってくれている」などというのは都合のいい願望にすぎない。言葉にするからみんなが同じ方向を向けるのであって、目的が明確にされていなければ、それぞれが自分自身の目標へ向かって走るだけの烏合の衆になってしまう。だから、ブランドスローガンを掲げて、きちんと社内に発信することが大切だとわかっていた。

ただ、ブランドスローガンは会社が持っている文化や、目指している方向と大きくずれていては意味がない。役員も社員も共感できるものでなければ共有することは難しいし、会社のカラーと異なるスローガンを掲げても、自分たちの首を絞めることにしかならないからだ。

そのため、まずは外部の会社に協力してもらい、うちってどんな会社なのかをあらためて深く掘り下げるところからはじめた。ＳＰＤから連想される色は？　形は？　動物に例えると何？　頭の中で何となくイメージしていたことを言語化して、キーワードを探っていったわけだ。

この作業を通じて再確認できたのが、うちは「お客様を大切にする会社だ」ということ。警備業界には、お客様をないがしろにする会社が少なくない。単価の高い仕事が見つかると、そこへ割くリソースを確保するため、既存のお客様をスッパリ切ってしまうことがある。「稼げるならそれでいい」と考えているのだろう。お客様から問い合わせがきても、電話を受けた人の業務範囲外だからと、平気でたらい回しにしたりする。うちの常識から考えると、あり得ないことだ。

SPDは、お客様を大切に思うゆえに、警備業務の質もそうだが、価格や対応スピードをとても重視している。お客様を待たせるということは、お客様の貴重な時間を奪っていることになるからだ。

話が少しずれるけれど、私は「お金」が好きだ。こういうと、世の中的にはあまりいいイメージを持たれないかもし

安心安全は、わくわくだ。

安心安全は、
わくわくだ。
SPDの警備事業は“明日の夢を創る”仕事です。
安心・安全が守られるからこそ、
世界に夢が生まれ、わくわくくらしていける。
よりよい社会を、24時間365日。SPDです。

ワクワク

安心・安全の土台の上にある

れない。けれども、私はとてもきれいな言葉だと思っている。お金がなぜもらえるのか、ちょっと考えてみてほしい。それは、自分の時間を使った対価として手に入れているもの。自分の時間を使うということは、命を削っているということ。若い人だとピンとこないかもしれないけれど、いつか必ず死ぬ人間にとって、時間は有限なもので、毎日確実に減っていくものだ。つまり、お金は命の対価というわけ。だから、詐欺など犯罪で手に入れたお金でなく、真っ当な仕事で手にしたお金であれば、お金が好きなのは当然のことだと思っている。

脱線ついでにいえば、私は自動車免許を返納している。まだ41歳なので、年齢が理由ではない。免許更新時に受けなければならない2時間程度の講習が嫌でたまらないからだ。台本どおり決まりきった内容を聞かされ、面白くない映像を見ているだけのために、自分の貴重な2時間をムダにすることに耐えられないのだ。人にこの話をすると驚かれるか、呆れられるが、私にとって時間とはそれほど大切なものなのだ。その貴重な時間をお客様から無為に奪うのは、お客様をとても蔑ろにしていることになる。だから、お客様を大切に思うのであれば、スピード感をもって対応するのは当たり前のことだと思っている。

ただ、業界にお客様を軽んじる風潮があるということは、長年、顧客第一主義を実践しているSPDにとって、それが大きな強みになるということでもある。しかし、「顧客第一主義」という字面は、いかんせん硬い。しかも、多くの会社が掲げている言葉であって、差別化ができない。お金と時間をかけてつくるのだから、今より少しでもいいものにしないと意味がない。

それに、会社の風土を「カチカチ」から「柔らかい」ものへ変えていこうとしているSPDには、あまりふさわしくなかった。「顧客第一主義」は文化として今後も受け継いでいくものだが、社内外へ発信する言葉は、これからのSPDのカラーを表現する、親しみやすい言葉にしたかった。「安心安全は、わくわくだ。」というスローガンを選んだのは、そんな理由からだ。

では、「安心安全は、わくわくだ。」というのは、どういう意味なのか。

私たちの仕事は、「警備」を通じて、お客様の施設を利用したり、イベントに参加したりする大勢の方々の安全を守ることである。その結果、安心して買い物や仕事、イベントを楽しんでもらうこと、わくわくしてもらうことだ。

逆説的にいえば、私たちが安心安全を守っていなければ、利用する方々は不安でわくわくなどできない。泥棒が跋扈《ばっこ》する町で暮らしを楽しんでくださいといっても無理な話だろう。だから、暮らしている人たちが、日々の生活を楽しみ、わくわくできるように、SPDは「警備」という仕事を通じて貢献していくという決意をスローガンにした。

スローガンができたときは、私自身もわくわくした。それまで特に意識することもなく、一生懸命やってきた日々の業務の意味や意義が文字として明確になったからだ。社員みんなが、スローガンを意識できるようになったことで、また、教育によって浸透させていくことで、SPDは変わっていくことができる――そんな手応えが感じられたからだ。

Chapter 1

奇想天外の、価値ある大改革を断行

これこそ、新生SPD！警備事業は「明日の夢を創る仕事」と定義

警備の仕事と聞いて、あなたはどんなイメージを抱くだろうか。

工事現場付近で交通誘導している姿だろうか。スポーツの試合が行われている会場で、フィールドに背を向けて観客の動きをじっと見ている姿という人もいるだろう。ホームセキュリティに入っている人の場合は、自宅に泥棒が入ったときに駆けつけてくれる存在を思い浮かべるかもしれない。ただ、実際に何か問題が発生して、自宅に警備員が駆けつけてくれた経験を持つ人は、それほど多くないのではないかと思う。具体的な経験がない人にとって警備員は、やはりぼんやりとした存在でしかないだろう。つまり、多くの人にとって、警備員という存在は、日常生活の中の風景の一部であり、空気のような存在でしかないのだと思う。別に、そのことが悪いといいたいわけじゃない。四六時中、

警備員が存在を誇示して、周りを威圧しているような世界では、生活する人たちのほうが気疲れしてしまう。

そうではなく、警備という仕事を通じて、その安全や安心を守っている人たちから、自分たちが役に立っているとわかってもらえない状況は、警備という仕事をしている人たちにとってツライということをいいたいのだ。想像してみてほしい。自分が毎日汗をかいて一生懸命仕事をしていることが、誰にも認めてもらえないというのは、むなしいだろう。自分たちが何のために日々業務に勤しんでいるのかをはっきりと自覚できずにいると、いつの間にか仕事は漫然とした作業になってしまい、仕事の質はどんどん落ちていってしまう。

お客様を何よりも大切にするSPDとして、仕事の質が下がることは許されない。そんな事態を防ぐためには、警備員として働く人たちに仕事に対する誇りを持ってもらう必要がある。自分たちが社会から必要とされている存在だということ、自分たちの仕事がどのように社会貢献につながっているのかということ。要は、自分たちの存在意義のようなものをしっかりと胸の内に持ってもらえれば、仕事に対する誇りを持てるし、日々の業務にもハリが出る。また、存在意義がはっきりわかっていれば、自分から進んで、自分の仕事を辱めるような行動はしないようになるはずだ。この存在意義を明確にするため、SPDでは警備事業を「明日の夢を創る」仕事だと定義している。安心・安全が守られるからこそ、世界に夢が生まれ、わくわく暮らしていけるのだ、と。そのために、私たちは24時間、365日仕事を頑張っているのだと伝えている。

SPDで働く人たちの意識を変えていくという意味では、スローガン以外にもいろいろなものを変更した。以前の社名は「SPDセキュリA（セキュリア）」だったが、それもゼロベースで変えようと思っていた。ただ、社内インタビューなどをした結果、意外にも「SPD」という社名が気に入られていることがわかり、それなら「セキュリA」も取ってしまって「SPD」にしようと決めた。このとき、ロゴも変えている。以前は、警備会社にありがちなライオンをモチーフにしたロゴを使っていた。まあ、百獣の王で強さの象徴みたいなイメージがあるので業務内容と結びつけて使いやすかったのだろう。

しかし、今は犬をモチーフにしたロゴを使用している。犬を選んだのは、警備会社は「番犬」であるだけでなく、「ペット」のような存在でなければならないと思ったから。番犬のようにお客様の大切なものを守る存在であるというのは当たり前だが、ペットのようにお客様に親しまれる、身近な存在になることも大切だと考えたからだ。それは、SPDがお客様を大切にし、人にやさしい会社であろうとしていることともつながっている。

自分たちの会社がどのような文化や考え方を持って事業を行っているのかということを、スローガンやロゴマーク、経営理念やビジョン&ミッションなどを通じて、一貫性を持って発信することは、SPDで働こうと思っている人にとっても意味のあることだと考えている。求職者が会社を探すときは、仕事内容や給料などを見て選ぶだろう。でも、実際に働きはじめてみると、人間関係がうまくいかなかったり、社内の雰囲気に馴染めないこともある。社風というのは不思議なもので、同じような考えを持っていたり、似たような性格だったりする人が自然と集まって形づくられていることが多い。さらに、社風に馴染みやすそうな人たちが入ってくるものだったりもする。そのため、社風や文化と違う人が入ってくると居心地が悪くて辞めていってしまうことが少なくない。

私は、せっかくSPDに入ったのであれば、入ってから「ここは違った」と感じて辞めてほしくはない。できるだけ長くいてもらいたいと思っている。そういった齟齬《そご》を、採用の時点で避けるためにも、「うちの会社は、こんな文化や社風だよ」と発信することは大切なことの一つだと思う。

SP Dog

SPD
Security Partner of Days

番犬＝お客様を守る

ペット＝お客様に寄り添う

Chapter 1
奇想天外の、価値ある大改革を断行

「信頼」は、「信用」を繰り返すことから。これを実践して組織を強化！

私が思う、「信頼」と「信用」は、言葉の重さが大きく違う。「信用」というのは、相手を信じて用事をお願いするということで、用事を与える側から用事を受ける側への一方通行のものでしかない。一方、「信頼」は、信用してお願いした用事を相手がきちんと達成することを繰り返すことによって、少しずつ形づくられていくものだ。用事をお願いした側にとっては、相手は任せても安心だと思えるようになるし、頼りになる人だとわかれば、待遇をよくするなど、いろいろと配慮するようにもなる。その心は、当然用事を受ける側にも伝わるので、「この人は頼りになる存在だ」と思うようになっていく。つまり、「信頼」といえる関係性は、お互いが相手のことを信じ、頼り頼られる存在になるということだ。そのため、「信頼」は一朝一夕に生まれるものではない。

これは、野球に例えるとわかりやすいかもしれない。一番イメージしやすいのは、バッテリーだ。信頼しあえているピッチャーとキャッチャーであれば、キャッチボールをしている段階で、相手の調子がいいのか、悪いのかがわかる。調子のいいときと比べて「球威が落ちているな」とか、「コントロールがいまいちだな」と感じ取れる。その状況に応じてキャッチャーが配球を組み立てれば、調子が悪いなりに結果を出すことができるだろう。ピッチャーもキャッチャーのことを信頼していれば、サイン通り、迷うことなくボールを投げ込むことができるはずだ。

外野と内野の間や外野同士の間など、微妙な位置にフライが飛んだときも、信頼関係があれば、お互いに理解しているので、同じボールを追いかけているチームメイトが「自分で取ろうとして全力で落下点に走りこむ」タイプかどうかがわかる。そのタイプなら相手に任せればいいし、相手に遠慮して譲るタイプなら自分が全力疾走で落下点に入る必要があると判断できるだろう。

いずれにしても、信頼関係ができていれば、お互いがボールを取ることに夢中になって激突するなどということにはならない。ただ、そこまでわかり合えるようになるには、毎日の練習を通じて、少しずつ相手のことを理解していくことが欠かせない。「信頼」とは、そういうものだ。

私には、心から信頼している仲間がボードメンバーに二人いる。一人は、大学生のときに出会った、現在のＳＰＤの社長だ。社会人になって間もない頃に出会ったもう一人は、現在、ＳＰＤの専務を務めている。

信頼のイメージ

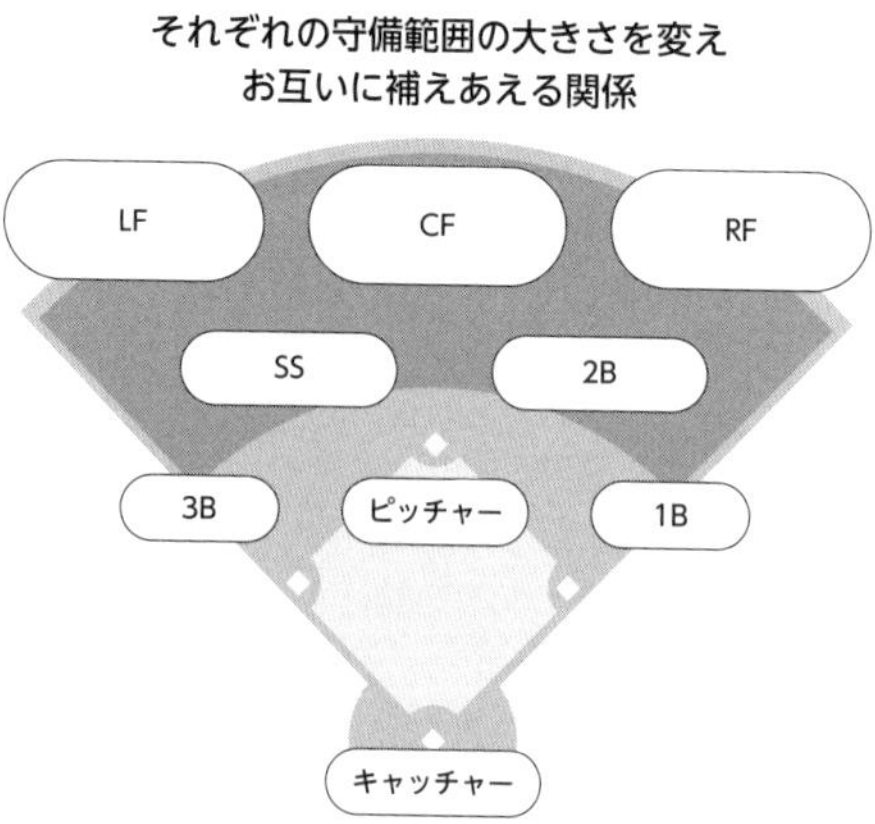

社長とは大学時代、一緒にアルバイトをしたり、野球のサークルに入ったりして、長い時間を過ごした仲だ。彼は警察官志望だったのだが、SPDに私の方から誘った。それも、「まずは3年間で課長になるまで大きい警備会社で経験を積んで、それからSPDへ入って、二人で会社をやっていこう」と無茶なことをいっていた。当時は世間知らずで、大手企業に新卒で入って3年で課長になることがどれほど不可能に近いことか知らなかったのだ。

でも彼は、警察官の道へ進むことはやめて、大手警備会社に入社してくれた。しかも、3年で主任にまで出世していたのに、スッパリと辞めてSPDへ来てくれた。同期の中では、出世頭だったというのに、だ。あのときの約束が、今、会長、社長として実現していることには、本当に感慨深いものがある。

もう一人とは、私が20代前半の頃にSPDを一時辞めて勤めていた不動産会社で出会った。部署は違ったのだが、なぜか気が合い、飲みに行ったりするようになった。ものすごく女性にモテる男で、仕事に対しても非常に真面目に取り組む人間だった。入社当時から仕事で結果を出そうと一生懸命取り組んでいたのだが、上司が彼とは逆のタイプのだらしない人間だった。彼の営業に同行してきて、営業車の中で昼寝したりするのだ。しかも、それに彼をつき合わせる。そんなことで時間を奪われることを彼はとても悔しがっていた。

そんな状況が積み重なってイライラが頂点に達したのだろう、ある日、上司と大喧嘩をして会社を辞めると決めた。そのとき、次の会社を紹介したのが私だったのだが、移った先の会社で今度は常務に裏切られることになってしまう。社長の息子であり、常務だった人間から「クーデターを起こして自分が社長になるから付いてきてくれ」といわれたのだが、いざとなったとき、常務は「やめた」と社長側に寝返ってしまった。梯子《はしご》を外されたメンバーは会社にいられなくなり、去らざるを得なくなってしまったわけだ。

クーデター側にいた彼も会社を辞めることになり、私に相談してきた。そのとき、「自分には何の権限もないが、一生、ＳＰＤに骨をうずめるつもりならきてもいい」と話した。それがきっかけとなって、彼は気持ちを固め、ＳＰＤ

へ転職。以来、会社で力を発揮してくれている。

この二人とは20年ほどの付き合いになり、阿吽《あうん》の呼吸で、お互いに理解しあえているし、心底信頼しているので任せることができる。彼らが仕事のことで何かを「したい」といってきたときは、細々と聞くことなく「やればいい」といっている。自分が信頼している人間なのだから任せればいいというのが、私の考えだ。

だから、もしも彼らが会社を辞めたいといってきたときでも、彼らを非難する気持ちにはならない。むしろ、彼らにそういわせるほどひどいことを自分がしてしまったのだと考えるだろう。

私は、社長と専務くらい信頼できる仲間と自分の三人いれば、たいていのことは乗り越えられると思っている。イスも足が三本あれば安定するように、三人の仲間がお互いの力量や役割を理解し、尊重しあうことができれば、とても強いチームになれるからだ。さらに、現社長が信頼できる人材らとチームをつくり、またその中の一人が他の人とチームをつくるという連鎖が生まれ、信頼で結ばれたチームが広がっていけば、濃密で強靭な組織をつくることができる。

私が社長になってから役員に抜擢した人材の中には、現社長が右腕として信頼している人物がいる。私が信頼する社長が信頼している人材なのだから、一も二もなく役員にすることを決めたのだが、その彼が、また自分のチームをつくればいいと思うのだ。そういう仲間をつくれる環境を整えることが私の仕事の一つだと考えている。

こういう話をすると、会社や組織づくりの〝ため〟に仲間をつくっているように聞こえるかもしれない。でも、そんなことはまったく考えていない。人生の中で仕事が占める時間はとても長い。それなら、仕事をしているときも楽しく過ごしたほうがいい。気の許せる仲間たちと一緒なら仕事も楽しくなるでしょう。そして、楽しい仕事でお金を稼いで、そのお金を使って、休日に趣味や家族との時間を満喫することができれば、月曜日から日曜日まで毎日楽しく過ごすことができる。ただ、それだけのことです。

Chapter 1

奇想天外の、価値ある大改革を断行

「人」こそ、すべて。自分をさらけ出して、経営に活力を生む

会社の経営で何が一番大切かというと、「人」。それに尽きる。人は人からしか影響を受けないし、世の中にある問題も課題も根本をたどれば、すべて「人」に行き着く。例えば、学生時代、「自分は数学が苦手だ」と思っていたとしよう。でも、それは数学そのものが苦手なのではなくて、数学教師の教え方が下手だったり、楽しく教えることができていなかったりしたために、正解を導く喜びを味わうことができず、苦手意識が植え付けられているにすぎない。逆に、好きな科目の記憶を掘り起こしてみると、魅力的な先生に出会い、授業が楽しく感じられて前向きに勉強した結果、得意になっていたりするものだ。

会社を辞める一番の原因も人間関係にあるといわれる。最近だと、パワハラやセクハラといったハラスメントが大きな問題になっているし、「誰々とはそ

りが合わない」ということで会社を去る人もいる。

給料が上がらないことや、思い描いたキャリアが描けないという不満を退職の理由に挙げる人もいる。だが、その原因は、力が足りていない自分自身にあるのかもしれない。自分の力は足りていたとしても、上司がその力を見抜けていないか、正当に評価しようとしていないという可能性もある。そうでなかったとしても、給料の額や人事評価を行っているのも、その仕組みをつくっているのも、「人」である誰かにほかならない。逆に、すごく仕事ができる人も、目標とする先輩がいて、その人に追いつこうと努力していたり、教え上手な上司のもとでメキメキと力をつけたりしているものだ。すべては「人」なのだ。

だからこそ、会社をよくしようと思えば、いい人材を集めることに尽きる。ただ、それが最も難しいことだといわれている。私は、従業員の採用などには直接かかわっていないため、その難しさやいい人材を採るノウハウなどは、正直、わからない。しかし、経営を担うボードメンバーについてであれば、いい人材を集める方法を知っている。それは、「自分をさらけ出すこと」だ。

断っておくが、目の前の人が「いい人材かどうか」を見極めるノウハウというものは、私の中にはない。そもそも、人や会社の状況によって「いい人材」の条件も変わってくるだろう。それに、私は、ひと目で相手の資質を見抜けてしまうため、人材を見極めることの難しさがよくわからないのだ。それが私の得意とするところであり、その力を取ってしまうと、私の周りにいる仲間たちに勝てるものがなくなってしまうといってもいい。

だから、「自分をさらけ出す」というのは、自分に合う人材を、仲間になり得る人材を見つける方法だと思ってほしい。

私がボードメンバーを集める際、自分から「SPDへきてほしい」といった人間は、現社長一人だけだ。それも、二人が20歳そこそこの頃の話である。たまに「うちへきてほしい」と思う人に出会っても、自分から誘うことはない。なぜなら、信頼関係を大切にしているからだ。待遇面などの条件を提示してスキルの高い人材をスカウトしても、人として、仲間として信頼しあえなければ意味がないと考えている。世の中には、確かにスキルが高く、理路整然ともっともらしいことを話せる人がいるが、それは私がもっとも嫌うタイプの人間だ。スキルなど後からいくらでも身につけることができるもので、その人が信頼できるかどうかとは関係ない。同じ会社で仲間として一緒に進んでいくためには、まず何よりも心でつながることが重要だと確信している。

しかし、「心の部分で自分と合う人を見つけることこそ難しい」と人からいわれることがある。でも、それが難しいとは思わない。自分をオープンにして、丸裸にして信用してもらい、信頼関係をつくっていけばいいだけの話だからだ。

嘘偽りのない自分をさらけ出すことで、相手も心を許し少しずつ本音を語ってくれるようになる。私はこれまで人に助けられてきた人間なので、困った人がいれば、手を差し伸べる。そうして関係性を、時間をかけながらつくっていき、互いのことを理解しあえるようになると、相手の方から相談事を持ちかけてくるようになる。そして、「あいつ、いいやつだよな」などといわれるようになる。そこまでの関係性ができれば、何かのきっかけで、一緒に働きたいと向こうの方からいってきてくれるというのが、これまでのパターンだ。つまり、自分が選ぶのではなく、相手から選ばれることを大切にするわけだ。

自分に合う人を見つけるのが難しいといっている人は、自分をさらけ出すことができていないだけだろう。自分を守るために何重にも鎧を着ていて、それをはがす勇気がないだけだ。そのことを否定するつもりなど毛頭ない。ただ、私は自分の弱いところであろうとさらけ出した方が楽なのでそうしているだけで、その結果、自然といい人材のほうから近づいてきてくれるというわけだ。

信頼関係のつくり方

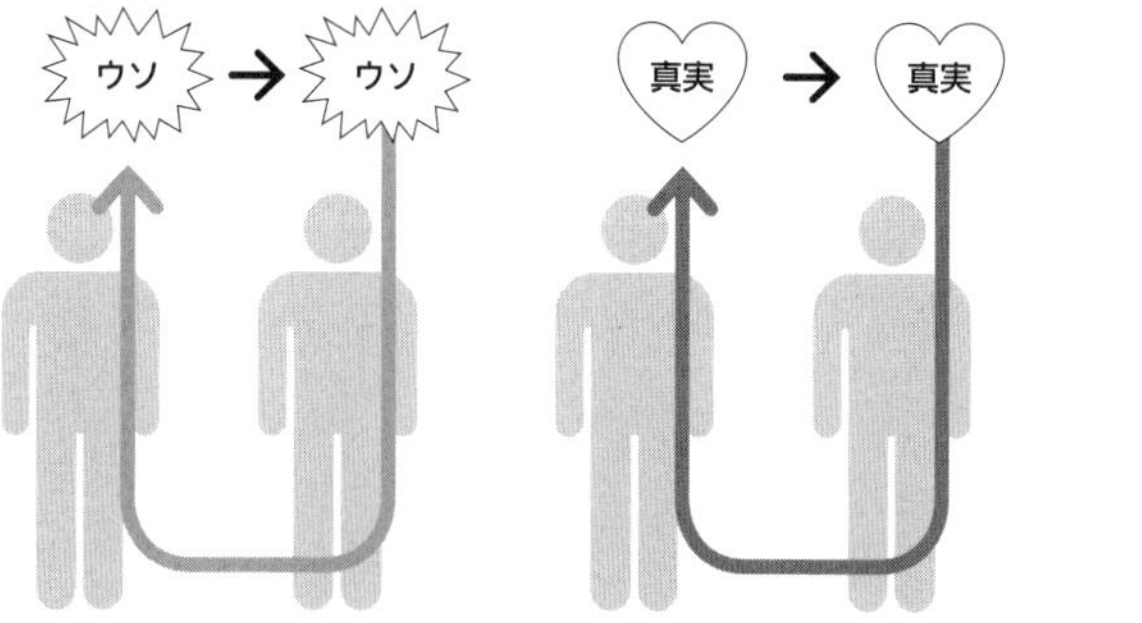

「ウソ」からは、「ウソ」しか生まれない。
本当の自分をさらけ出すことによって、
「真実」の良い循環が生まれてくる

Chapter 1

奇想天外の、価値ある大改革を断行

最強の「任せる経営」。ほったらかしではなく、テーマを持たせる

私の経営スタイルは、チーム経営だという話はした。そこで、「任せる経営」を理解してもらうためにも、まずは「チーム経営」がどのようなものなのか、詳しく話していきたい。

このことを人に話すとき、野球の守備を例に挙げることが多い。ファーストもセカンドも外野を守る選手たちも、一人ひとりに守備範囲というものがあり、その広さは、それぞれの選手の能力によって違う。ボールの球種や打者がバットでボールをミートしたタイミングや角度を見て、瞬時にボールが飛んでくる方向を見抜ける選手は、できない選手よりも守備範囲は広くなるだろう。さらに、反射神経までよければ、守備範囲はもっと広くなる。逆に、ボールが飛ぶ方向の見極めや瞬発力に劣っている選手が守れる範囲は、どうしても狭くなら

ざるを得ない。

また、ファーストやセカンド、ピッチャー、キャッチャーなどポジションによって、期待されている役割も異なる。セカンドへのフライをキャッチャーが取りに行くことはないし、ショートへのゴロをセカンド、ファーストとつないでゲッツーをとるとき、ピッチャーが割り込んでくることもない。

選手たちは、さまざまな打球に対応するため、自分のポジション＝求められている役割に応じて必要な能力を高め、それぞれが守備範囲を広げていく。その結果、アウトをとる可能性を高めていくのだ。

私はこのことに高校2年生のときに気づいた。あるとき社会人チームと対戦する機会があったのだが、まったく歯が立たなかった。その理由がなぜなのか考えていたとき、選手個々人の能力が違うからだ、と思いついたのだ。社会人チームは体力も運動能力も私たちよりも上なので、当然守備範囲も広く、私たちであればヒットになっていた打球でもアウトにする。目の前であらぬ方向へバウンドしたボールも体で止めてしまっていた。

その様子を見ていて、選手一人ひとりが自分の能力を磨いて守備範囲を広げ、そのうえでチームとしてまとまることができれば、強いチームをつくることができると考えた。

経営も同じだ。メンバーがそれぞれの持ち場、与えられた業務の中で自分の力を高めていき、できることの質を高めていけば、そして、みんながチームとなって同じ目的に向かって走っていければ、いい仕事につながっていくし、会社も成長していくことができる。ただし、人が能力を高めていくには経験が必要になる。そして、経験を積ませるためのいい方法が「任せる」ことなのだ。

「任せる」ことと「任せ方」が重要

人は任されることで、責任を感じたり、頼られたことを意気に感じたりして、目の前の仕事に前向きに取り組むようになるし、集中する。不思議なもので、集中して取り組んだ方がしないときよりも、経験から多くのことを学びとることができるものだ。任された仕事を成功させるために考えを巡らしている分、気づくことも多くなるからだろう。

また、任せることによって、互いの得手不得手を補えるというメリットもある。人にはできることとできないことがあり、できることであっても、その限界には個人差がある。社長だからといって、すべて一人でこなすなど現実的ではない。少なくとも、私は自分に何ができて、何ができないのかを理解している。例えば、私はゼロイチで新しいことを立ち上げるのは得意だが、一を一〇〇にするのは得意ではない。ところが、ある程度リソースが整った状態にある会社を一〇〇からそれ以上へ育てていくのは得意だったりするのだ。

このように、自分にできることがわかっていれば、苦手なところを仲間に任せることができる。

もう一つ大切なことは、任せ方だ。気を付けたいのは、ほったらかしになってはならないということ。例えば、「これ、やっておけよ」といってその後、知らんふりというのは、ほったらかすことだ。自分が担当している仕事が期限に遅れそうになっているため、その一部を部下にやらせるというのも、自分都合でしかなく、「任せる」こととは違う。

任せるとは、その仕事をやる目的や目標、期限を伝えて、かつ「何かあれば、自分が責任を取る」という覚悟でお願いすることだ。目的や目標がはっきりしていれば、頼まれた方も何をすべきか判断しやすい。目的や目標を達成するための方法も自分に任せてもらえているから、「ああでもない、こうでもない」と自分なりに思考を巡らしやすい。何か問題が発生しても最終的な責任は上司が取ってくれるのであれば、安心して挑戦することもできる。つまり、先ほどいった前向きに仕事に取り組む状態になりやすいわけだ。

もう一つ付け加えるなら、任せる方に「愛はあるか」ということ。任せる相手のことを理解して、その人の成長などを思いながら仕事を頼むのが、私のいう「任せる」ということだ。

「ムーンショット理論」を展開。壮大な目標を掲げて一体化を実現

経営者の仕事の一つは、目の前のことではなく、もっと先の未来を見据えて、目的や目標、夢を描くこと。何も書かれていない白いキャンバスに絵を描くことだ。その点でいうと、私が社長になったときは、「株式上場」と「売上高100億円」を掲げた。当時の売上は約50億円強だったので、ほぼ倍増させなければ達成できない数字を目標にしたことになる。いわゆる「ムーンショット」というやつだ。

ムーンショットとは、達成できたら大きなインパクトのあるスケールの大きな目標を掲げて、その目標からバックキャスト（逆算）して、今行うべきことを導き出し実行することだ。アメリカの大統領だったジョン・F・ケネディが1961年に発表した「アポロ計画」において、1960年代のうちに人類を

月に着陸させると宣言したことになぞらえて、こう呼ばれている。実際、幾度もの失敗を乗り越えて、1969年にアポロ11号で二人の宇宙飛行士が月面への上陸を実現している。

ムーンショットを実行するメリットは、いくつもある。一つは、視点や視座を高めることができるという点だ。非常に高い目標を達成するためには、思考するときの視点もそれに合わせて高く変えていかなければならない。1日に10万円稼ぐ方法と1日3000万円稼ぐ方法が同じというわけはないからだ。明日のことを考えるときと、1カ月後のことを考えるとき、1年後、10年後のことを考えるときでも、考え方は変わってくる。それと同じだ。

それに、ムーンショットといえる高い目標へ到達するには、それまでの常識の範疇で発想していてはたどり着けないことが多い。既成概念とか、固定観念、慣習など、「いつもはこうしている」といったものの枠を飛び越えた、新しいアイデアが求められてくるからだ。当然、一人の力だけで実現できるものではないため、会社が一丸となって全力を尽くす必要がある。みんなが同じ目標を共有し、その達成に集中できれば、自然と一体感も醸成されていくはずだ。

ただ、いきなりムーンショットの話をされても、壮大過ぎてピンとこない場合が少なくない。自分とは遠い話に聞こえるため現実味が乏しいのだ。

そこで私は、ムーンショットの話をした後に、セットで100メートル走の話をしている。「想像してごらん」と。「会社のリーダーが100メートル走でジョギングのようにのんびり走っていたら、後からついてくる人たちはどうなると思うか」。走ることに一生懸命になる必要がないから、横を向いたり、後ろを振り返ったり、よそ見ばかりしてバラバラになってしまう。「あっちの芝生は青いな」などと浮気心を抱く人がでてきたっておかしくないだろう。

でも、先頭を走るリーダーがはるか先のゴールに向かって全力疾走していれば、ついてくる人たちも遅れてはならないと精一杯走るだろう。よそ見をするような余裕もなく、わき目も振らずにリーダーの背中に集中するはずだ。そのときの一体感や疾走感は格別なものであり、そうなったときに生まれる力は、ものすごい大きなものになる。それに、一心不乱に全力疾走することは、それだけ成長スピードも速くなるということだ。成長意欲の高い人にとっては、そういった話も胸に刺さることが多い。

月面着陸というテレビの中のような肌触りのない話とセットで100メートル走の話をすることで、自分には遠かった話がグッと身近に感じられるため、「そういうことか」と腹落ちしてもらえることが多い。理解度が一段上がる気がしている。だから、私はムーンショットの話をした後に100メートル走の話をするようにしている。

気を付けたいのは、先に100メートル走の話をしてしまうと、「そんなも

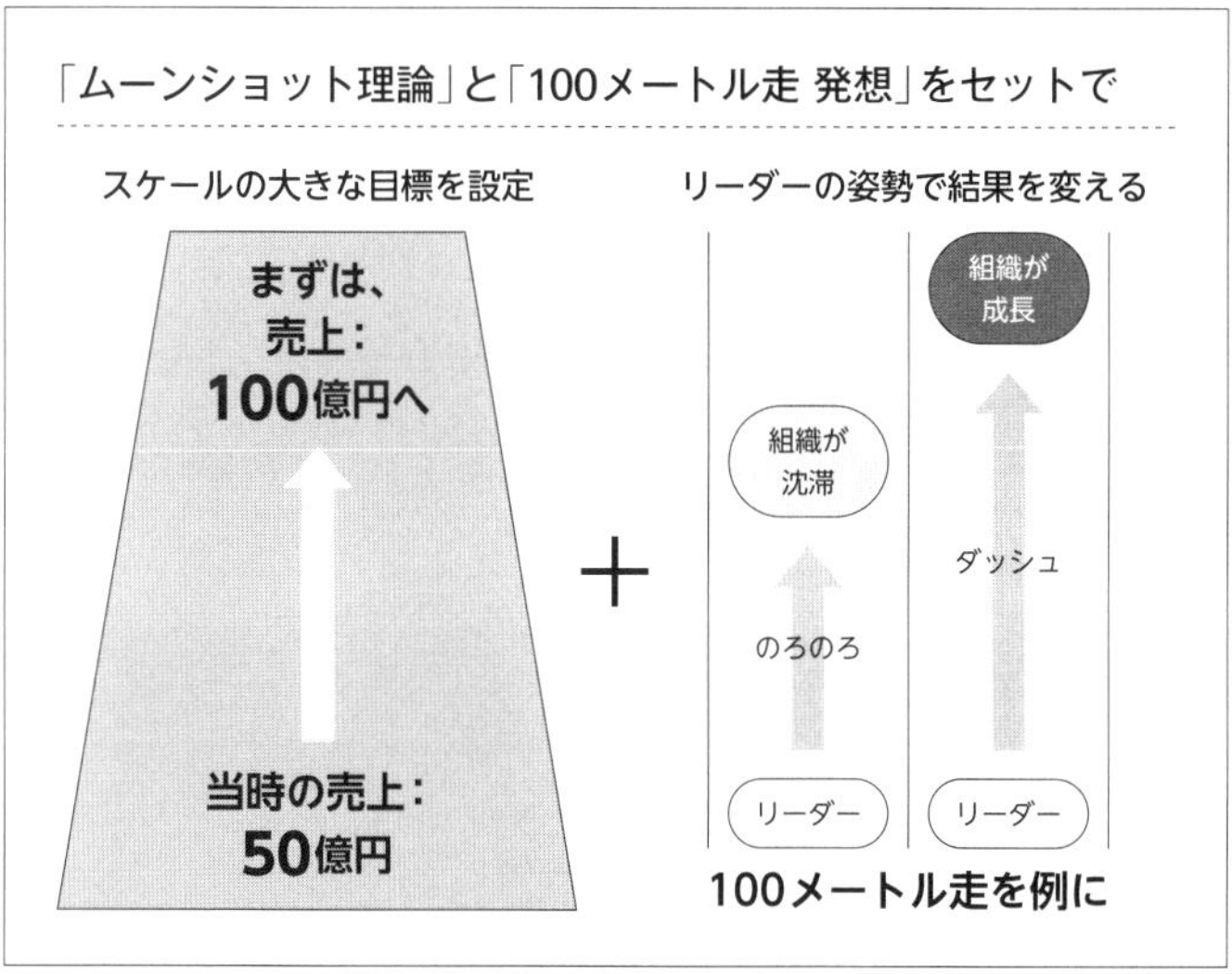

んでいいんだ」と安易にとらえられてしまう可能性があるということだ。相手に伝えるときは、どのようにイメージさせるかが重要なので、話す順番にも気を配っている。私は、小難しい話をするときは野球や陸上など身近なことに例えることが多い。私はゼロイチが得意で、一から先は他の人に任せた方がうまくいくのだが、その話も100メートル走に例えたりする。スタートダッシュは誰よりも得意で速いけれど、15メートルくらい走ると、他のことが気になってスピードがガクンと落ち、他の選手に抜かれてしまう。だから、そこから先は一を一〇〇にするのが得意な人間に任せるようにしているといった具合だ。

こんなふうに、身近な話にした方が、聞いている方も楽しいし、記憶に残りやすい。だから、私は相手に応じて例える対象を変えている。このくらいの年代の人なら野球の話題がいいだろうとか、息子に話すときはスケボーに置き換えたりしている。相手が理解しているかどうかなど関係なく、自分が話したいように話すだけでは、一方通行でしかないからだ。

Chapter 2

発想の源泉!波乱万丈のMy Profile

年少期から経営計画発表会に出席。父の影響、そして反発

私は、夏場であれば会社にも短パン、ビーチサンダルで行っている。髪も長いし、ひげもはやしている。すでに話した通り、SPDは「さん」付けで呼び合っているので、私も「長英さん」とか、「長さん」とか呼ばれることが多い。

どうしてそんな格好で会社に行くのかというと、「私はこういう人間だ」と背伸びすることなくさらけ出す生き方のほうが楽だからだ。ただ、さすがに自社サイトにそのままの姿で写るのはマズかったようで、周囲から猛反対されて、いやいやながらスーツを着て写っている。興味がある人は、一度見てみてほしい。着慣れていない感満載の私が見られるはずだ。

どうしてラフな格好でいることが、自分を出すことにつながるのか疑問に思う人もいるかもしれない。楽という意味でいえば、制服やスーツを着るほうが、

毎日ファッションを考える必要がない分、楽だともいえる。

でも、私は会社を単に仕事をするだけの場所だとは考えていない。仲間を見つける場所であり、楽しい時間を過ごす場所にしたいと思っている。話しやすく、居やすい場所。自分をそのまま認めてくれる場所――。会社をそういう環境にするには、まず経営者が実践する必要がある。だって、服装も自分を表現する一つの手段だから。

服装を見て「あの人は、ああいう格好が好きなんだな」と感じることも、一つわかりあえたことになる。そんなことはありえないが、私がもし無理をしてスーツで出社していたら、それを見た周りも「窮屈な思いをしても、自分を抑える必要がある」などと思ってしまい、会社がどんどん窮屈になってしまうだろう。それは、違うなと思うのだ。

話がそれてしまったが、服装一つとっても、私は他とは違うといわれることが多い。他と違うからこそ勝てると思っているので、私にとってそれは褒め言葉なのだが、ここからは、どうしてこういう人間ができあがったのか、少し昔を振り返っていこうと思う。

日本で3番目にオリンピックの警備を受注

ＳＰＤは、１９７１年に私の祖父が設立した会社だ。父が二代目社長で、私は三代目を継ぐ人間として生まれた。まあ、父から会社を継げといわれたことは一回もないのだが、小学生の頃から会社で毎年行われていた「経営計画発表会」に参加させられていたことを思えば、父はどこかでそう思っていたのかもしれない。

経営計画発表会は現在も行っているが、当時は簡単に会社の経営状況などを発表した後は宴会となり、どんちゃん騒ぎをするための場でしかなかった。そこで、経営にプラスとなる何かを得て、それが今につながっているというときれいな話だが、正直なところ、そういえるものは思いつかない。社員たちは社長の息子ということで優しくしてくれるのだが、私を通じて給料アップを父にお願いしてほしいなどと都合よく使われることもあった。嫌ではないし、楽しいところもあったが、子ども心に、しょうもないものを見ている感覚はあった。

父は、私だけ褒めてくれた。姉には非常に厳しかったのだが、私には「天才だ」とよくいっていた。テストの点数などひどいものだったので、自分は勉強が苦手だということはわかっていましたが。ただ、叱るときに親が手を出すのが珍しくなかった時代に、子どもを褒めて育てることを実践していたのは珍しいのではないかと思う。父は、ヨーロッパに行ったことがあり、あちらの褒めて伸ばす教育に何かを感じて取り入れていたのかもしれない。

また、仕事の面でも、すごいと感じるところがある。例えば、SPDが飛躍するきっかけとなった長野冬季オリンピックの警備を獲得してきたことだ。前回の東京オリンピックで警備を担当したのがセコム、次に日本で開催された札幌冬季オリンピックがアルソック、それに次いで3度目の日本開催となった長野オリンピックの警備を、当時は埼玉の決して大きいとはいえないSPDが受注したのだからすごい。しかも、父は長野オリンピックの開催地が日本に決定する4年も前から片道3時間半かけて長野へ通っていた。あの営業力は素直に認めざるを得ない。普通であれば、オリンピックのような大きな仕事をうちみたいな小さかった会社がうけてしまい、もし失敗したらと考えるものだが、父は根性で何とかするというタイプだった。

しかし、私はほとんど家にいなかった父が嫌いだった。たまにスキーへ連れて行ってくれたりするのだが、勝手に私の友人を誘うので、スキー場では滑れない友人を父に押し付けて、私は一人勝手に滑っていたりもした。

父のやり方を通して見ていた警備という事業もダサいというのが、正直な気持ちだった。外部の人に「警備の会社」だというのが恥ずかしかったこともある。その思いが、私が社長になったとき、会社を大きく改革する原動力の一つになっている。もちろん、良くも悪くも父の影響はあるのだろうが、私にとって父はひと言で表現できるような存在ではなかった。

This is me!

小学生の頃から自然に学んだコンサルタント・一倉定先生の教え

父との思い出の中で、確実に今に活きているといえるものがある。それが、コンサルタント・一倉定先生の教えだ。

父は、リクルーティングのため、沖縄など各地の学校を訪問することがあった。そんなときは普段一緒にいない私のことを思ってか、一緒についていくよう母親にいわれたものだ。訪問先へは車で出かけていくのだが、父が学校で話している時間、私は車の中で留守番していることが多かった。そして、特に何もすることがない車内では、ずっと一倉先生の講演を録音したテープが繰り返し流れていた。

一倉先生は、経営コンサルタントとして5000社を超える企業を指導し、多くの赤字企業を立て直している伝説のコンサルタントだ。「社長の教祖」などと呼ばれることもあるらしい。父は、一倉先生に出会ってから心酔し、さまざまな勉強会に出席していた。父の代から掲げている「顧客第一主義」というのも、一倉先生の教えの一つだ。

父が先生と出会ったのは、バブル経済のただ中だった。

モノをつくれば売れるような時代で、お客様のことを思い、そのニーズに応えることに力を尽くすといった発想はほとんどなかった。クレームがきても、「うるせえ」くらいにしか思わない。そんなことに時間とお金を使わなくても、つくった先から売れていくのだから考えることがバカバカしいという風潮すらあった時代だ。

SPDは警備事業を行っていたのでモノをつくっていたわけではないが、浮かれた世の中に流されて、お客様のことを大切にする経営などはしていなかった。会社の経営状況もいい加減なもので、ずさんそのものだったといえる。その状況を「何をしているんだ」と叱りとばしてくれたのが一倉先生だった。父は、そこで目が覚めて、先生の教えを経営に取り入れるようになり、顧客第一主義を掲げるようになったと聞いている。

そのような一倉先生が熱く語る言葉が、テープから流れていた。内容は、すべて経営とは何ぞや、といった経営論だ。もちろん、小学生の私が理解できるわけもない。しかし、妙に耳に残る言葉があった。

「電信柱が高いのも、郵便ポストが赤いのも社長の責任である」

「社長の責任において決定する」という意味は「結果に対する責任は社長が負う」という意味である。それだけではない。「社長が知らないうちに起こったこと」でもすべて社長の責任なのだ。会社の中では、何がどうなっていようと、結果に対する責任はすべて社長がとらなければならないのだ。

（『一倉定の経営心得』より）

私は一倉先生とお会いしたことはないのだが、20歳のときに先生の門下生の一人が開いている勉強会に参加するようになり、先生の著書を読むようになったことで、子どもの頃、耳に残っていた言葉の意味を知った。社長というものは、それだけの覚悟を持っていなければならないのだ、と。

すべての責任をとる覚悟があるからこそ

「覚え、悟るで覚悟」、いい言葉だと思う。第二次世界大戦時、戦艦大和」の船長が船とともに沈むことを選んだのも、覚悟だ。小学生の頃、意味はわからなくても先生の言葉に触れ、その後、会社をクビになるなど、いろいろ失敗する中で、覚悟というものが、自分の哲学になっていった。

私が社長になったとき、周りに任せることができたのも、すべての責任は自分が取るという覚悟があったからだ。たとえ失敗したとしても死ぬことはないと、ある意味開き直って挑戦できるのも、覚悟が自分の哲学になっているからにほかならない。

私は、現実になるかどうかは別にして、会社がつぶれると思っている。最悪の事態を想定し、つぶれたときの責任はすべて自分が負うという覚悟があってこそ、思うような経営ができるからだ。

また、ＳＰＤは上場を目指しているが、その一方で、上場したら自分はクビになるだろうということもわかっている。好き勝手やってきたので、そんな人間が上場会社の経営層にいては会社が叩かれることになってしまう。仲間に迷惑をかけるのは本意ではないため、クビになるのは当然だと覚悟している。

でも、そういった覚悟に悲壮感はない。これは死生観の話になってしまうが、私は後悔しながら死んでいくタイプだと思っている。人によっては、やりたいことをすべてやって、後悔することもなく死んでいくケースもあるのだろう。でも、私は違う。それならば、生きている間は好きなこと、楽しいことを存分にやって、後悔して死ねばいいと思っている。そう気持ちが定まっていると、覚悟は決まるものなのかもしれない。

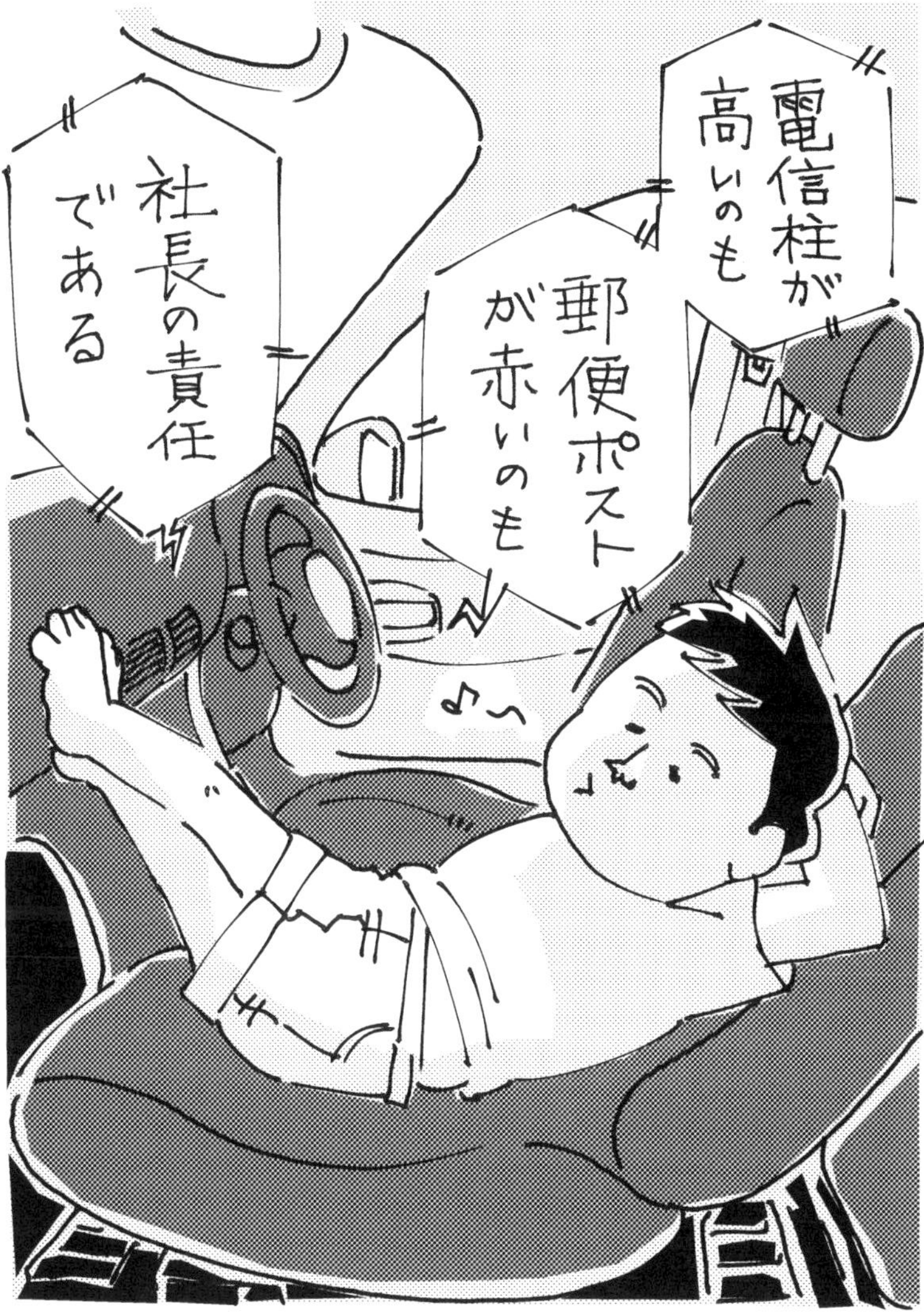
電信柱が高いのも
郵便ポストが赤いのも
社長の責任である
♪〜

野球漬けの中学・高校時代。甲子園出場が叶わず挫折感を

プロ野球を目指していた私は、甲子園へ行くことを当面の目標にしていた。今のように情報発信の手段が豊富ではなかったので、甲子園に出て、スカウトの目にとまらないとプロにはなれないと思っていたからだ。

そのため、従兄が甲子園に出場した中高一貫校へ進学することを決める。「さあ、やるぞ」とやる気十分だったのだが、野球部員は寮生活をすることになり、そこで躓《つまず》いてしまった。私は小さい頃すごい人見知りで、集団行動が大の苦手だった。園児はみんな、お迎えのバスに乗って集団登園していたのだが、バスでみんなと一緒にいたくないため、いろいろ理由をつけてはバスには乗らずに母親の車で遅れていっていた。おかげで、幼稚園のときのあだ名は「社長」だ。重役出勤ばかりしていたから、そう呼ばれるようになってしまった。小学生の

夏休みといえば、毎朝ラジオ体操があったのだが、6年間一度も参加しなかったという徹底ぶりだ。

そんな調子だったので、寮生活に馴染めず部活にもいかなくなっていた。1年くらい経った頃だろうか。部活に顔を出さなかったのだが、監督からもう一度来ないかといわれ、参加するように。その際、キャッチャーへポジションを変えたのだが、キャッチングを見た先輩たちに「センスあるよ」と褒められるようになり、部活に出ようという気持ちがわいてくるようになった。

ただ、高校生になってこれから本格的に甲子園を目指そうという頃から学校の方針が勉強重視に変わってしまった。スポーツで全国大会を目指すよりも有名大学へ多くの生徒を入学させることに力を入れだしたのだ。

ちょうどその頃、私も学校へ持ち込んではいけなかったピッチ（PHS）を持っていることが見つかって問題になるなど、その学校に通うモチベーションが下がる出来事が重なり、もっと野球に打ち込める環境を求めて、島根の学校に転校することにしたのだった。そのくらい甲子園に出たいと思っていたし、その先にあるはずのプロ野球選手を熱望していた。

移ってからは野球に打ち込み、地方大会で優勝。春の選抜大会への出場を勝ち取った。ところが……高野連の規則に違反していることが発覚し、出場が取り消しになってしまった。別にタバコを吸っていたとか、暴力沙汰を起こしたといったことではない。出場校の公平性を守るため、高野連には細かい規則があるのだが、その一部に触れてしまったのだ。週刊誌報道でそのことが発覚して問題となり、出場できないことが決まった。

もう、目の前が真っ暗になった。

そして、心がポキッと折れた。何か大人の世界を垣間見たような気がして、とても嫌な気持ちになったことを覚えている。

後々、中学時代の監督から聞いたのだが、高校進学時に野球の強豪校から複数スカウトがきていたそうだ。また、甲子園に出場しなくてもプロを目指す方法は他にもある。しかし、当時の私はそんなことを考える余裕もなく、いろいろなことがどうでもよくなってしまっていた。
これが、人生最初の挫折だった。

プロ野球の道を諦めた後、自分でお金を稼ぐ楽しさを知る

その後、仙台にある大学へ進学したのだが、勉強する気はまったくといっていいほどなかった。同じ大学に通っていた現社長と出会い、アルバイトや遊びばかりの日々を楽しんでいた。一応、彼の名誉のため、現社長はとても真面目で授業にはきちんと出席していたことはいっておく。

そんなふうに大学生活を楽しんでいたある日、会社を手伝ってほしいと姉から電話がかかってきた。黒字倒産しそうになってしまい、社員が大量に辞めていったから人手が足りないのだという。当時、会社ではホームセキュリティの拡販に力を入れていたので、その手伝いをお願いしたい、と。そこで現社長を誘って埼玉へ戻り、一緒にアルバイトをしたとき、お金を稼ぐ楽しさを覚えた。

自分で稼いだお金で好きなことをして遊ぶ。自分で稼いだお金だから、誰に何かをいわれるいわれもない。それまで以上に、遊ぶようになっていった。当たり前のように大学へは行かなくなり、ＳＰＤで仕事をするようになった。

ただ、あるとき、自分がこのまま会社にいると、新入社員が上へいく席を一つ奪うことになる。彼らがステップアップできないなと思うように。そして、「私は、会社にいるべきじゃない」と思い極めて、ＳＰＤを辞め、先輩の伝手を頼って不動産会社へ転職している。それが20歳くらいのときだ。

最後の話だけ聞くと、周りのことをよく考えているいい人間と思うだろうが、あの頃の私は自己中心的で、自分のことしか考えていないようなところが強かった。小さい頃から人に何かを教わるのが嫌いで、自転車も親が教えようとするのを断り、一人で練習するような頑固なところもあった。

おかげで、移った不動産会社でも、さんざんやらかしてしまい、ほどなくＳＰＤに戻っていった。

Chapter 2

発想の源泉！ 波乱万丈のMy Profile

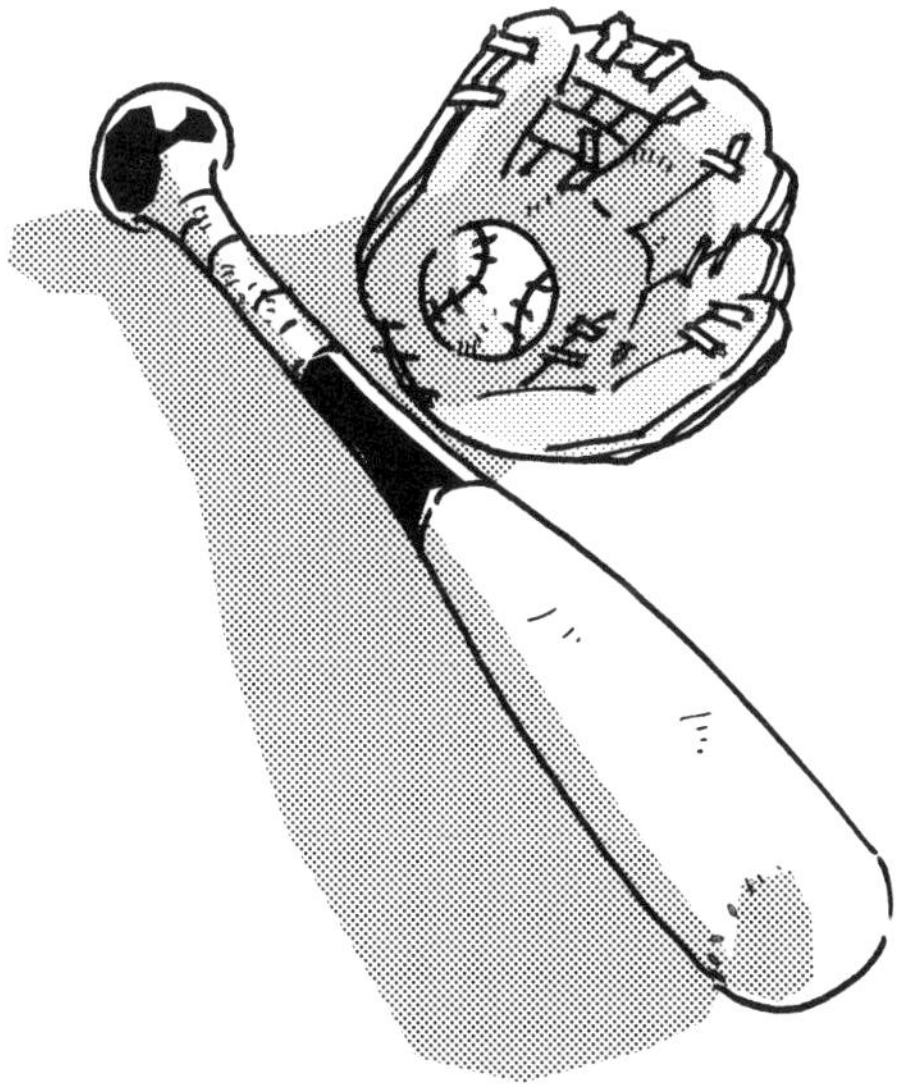

ベトナムで起業。東北に支社を設立。しかし、電話一本でクビに……

不動産会社からＳＰＤへ戻ってしばらくした頃、23歳のときだったと思うが、父からベトナムへ行くようにいわれた。ＳＰＤで使用する警備員のユニフォームは中国で生産したものを、商社を通じて仕入れていた。ところが、中国の経済成長にともない人件費が上昇。新たな調達先としてベトナムが候補にあがった。そこで、ベトナムへ行き、調達の商流を築いてこいというのがミッションだった。

そして、ベトナムでこれから経済発展していく国に特有の活気、熱気を感じることになる。ユニフォームの調達先を確保し、商流を構築する中、「この国であれば、必ずビジネスが成功する」、そう思わせる気運が国中に満ちていた気がしたのだ。

23歳の頃からベトナムへ行くようになり、何度もこの国で起業したいと父に頼んでいた。ようやくその願いが叶ったのが、26歳のとき。資金援助を受けて、すぐさま商社を立ち上げ、SPDへのユニフォーム調達を手掛けはじめたのだが……。当時、ベトナムの裁縫技術は未熟で、日本に送られた製品は、とてもではないが実用に耐えるものではなかった。

ベトナムから出荷する前に、工場できちんと検品すれば、そのような事態は防げるのだが、当時の私は「どうせ自社で使うユニフォームだから」とその手間を面倒くさがり怠ってしまった。我ながら、本当にひどいと思う。

父は外注していたユニフォームの調達を内製化できればと考えていたのだと思う。ところが、あてが外れたばかりか、あまりにひどいあり様に激怒。商社はわずか1年で清算して、会社に戻されることになってしまった。

今なら、もう少し賢くできるのであろうが、当時は若く、勢いだけでうまくいくと思っていた。それに、ゼロイチは得意だが、飽きっぽく、一から成長させることは苦手なこともあって、会社を立ち上げて、製造工場を確保し日本への物流を整えたあたりから遊ぶことに夢中になってしまっていた。
このベトナムでの失敗が二度目の挫折だった。

身から出た錆でSPDをクビに。三度目の挫折を味わう

父から資金援助を受けて起業しておいて、1年ほどで失敗して出戻ってきたのだから、社内の風当たりは強かった。「社長の息子だからって金をムダにしやがって、何をしているんだ」という感じだ。

そのことを気に病むようなことはなかったが、何か面白くなかったため、周りをギャフンといわせる機会を探っていたところ、東日本大震災が発生する。私は地震の3日後には、友人と救援物資を持って車で現地に入っていた。そこで見た光景は、今も忘れられない。本当に何もなくなっていた。街のそこかしこに瓦礫《がれき》となったものが散乱しているくらいで、建物という建物が流されてしまっていたのだ。

とてもショックな光景だったが、これから街を復興していく上で、セキュリティは欠かせないと思いついた。私たちがここで警備事業をはじめれば、街にいる人たちに仕事を提供することもできる。震災直後、漁に出ることができない漁師に仕事の口を提供できるかな、と考えた。それに、他社が大きなシェアを占めていたエリアに食い込むことができるかもしれないという下心もあった。

そのことを会社に提案して、気仙沼に支店を立ち上げた。でも、ここで再び悪い癖が出てしまう。会社を立ち上げるまでは集中していたのだが、しばらくすると遊びまくっていた。そんな調子だということは、すぐに父の耳にも届いたのだと思う。ある日、電話がかかってきて、「クビ」を告げられた。否も応もない。そのままSPDを去ることになってしまったのだ。

これが三度目の挫折となった。

ただ、社会人になってからの二度の挫折は、ほぼ自業自得といっていい。新しいビジネスの種を見つけてきて、それを植え、芽が出るあたりまでは夢中になれるのだが、すぐに飽きてしまい、遊ぶことに気持ちがシフトしていってしまう。100メートル走の例えで話した通り、最初のスタートダッシュは速いのだが、すぐに他に目移りしてしまうのだった。

ただ、三度目の挫折は、かなり心にダメージを負った。日本など出ていって、前から住みたいと思っていたタイへ移住しようと本気で考えた。

それを踏みとどまったのは、私がきっかけとなってSPDに入社していた現社長と専務の存在だ。私の友人ということは社内の多くの人が知っていることで、私のせいで社内の連中からいろいろいわれているだろう。ここで私が日本から逃げだしたら、彼らを見捨てることになってしまう。そんな申し訳ないことはできないし、したくない。会社にはいられないまでも、日本を離れることだけはやめようと、大学時代に過ごした仙台で、パティシエをしていた妻と二人、ケーキ屋を出すことにした。

それが今から十年前、私が31歳のときだ。

クビ
……

仙台で「ケーキ屋」を経営。この経験が大きな成長のきっかけに

電話一本でSPDをクビになった後、仙台でケーキ屋をはじめた当初は、かなり心がすさんでいた。埼玉の地元であれば、父の存在もあり多くの人が私のことを知っていたが、仙台に知り合いはおらず、大学時代に生活していたとはいえ、1〜2年ほどしかいなかったため街のこともほとんど知りはしなかった。そこで、経験したことのないケーキ屋をゼロからはじめるということも拍車をかけていたのかもしれない。

ケーキ屋をオープンする前に商店街にあるお店にあいさつにいったとき、焼き肉屋のおかみさんは「私、ケーキ好きだから応援しているよ」と温かい声をかけてくれた。今ならそう思えるが、当時は「なんだお前、俺のことなどしらないのに、何が応援するだ」と思っていた。近くの寿司屋へあいさつにいった

ときは、「じゃあ、これサービスだから」とタコの握りを出してくれたのに、「おれのこと、タコってバカにしているのか」って。自分でもサイコパスなんじゃないかって思うほどひどかった。

お店の方も最初は四苦八苦していた。ケーキ屋の経営などしたことがないから、なかなか売上が上がらない。もっと認知度を上げようと広告を出そうと思うのだが、そんなお金はない。フェイスブックやインスタグラムなど、使い慣れていないアプリを調べて、無料で広告を出す方法はないか、必死に探したこともある。自分の通帳を見ながら、何ができるのか自問自答したりもした。

ケーキ屋をはじめるまでの自分は、思い通りにいかないと部下を絞り上げるようなこともした。パワハラ上司だ。しかし、ケーキ屋で働いているスタッフは女性ということもあり、そのまま感情をぶつけるようなこともできなかった。

ケーキ屋の経営に悪戦苦闘している頃、時を同じくして、他の問題も抱えることになる。病気で父が亡くなり相続問題が発生したり、それにともなってSPDの代表取締役となったものの、父の代からいる役員たちが自分のいうことをまったくといっていいほどきかなかったり……。

何もかもが思っているようにはいかず、いつもイライラして心が一杯一杯になり、はじめて過呼吸というものを経験した。丈夫な体に産んでもらったおかげで、それまで病気らしい病気をしたことがなかったため、過呼吸のあまりの苦しさに「自分は死ぬんじゃないか」と本気で思ったものだ。何とかしてほしくて、藁にも縋《すが》る思いだった。

そんなとき、ある人と出会い、自分を徹底的に掘り下げていく経験をしたことで、少しずつ自分を変えていくことになる。

「自分はなんでこんなに悪い人間なんだ。こんな性格なんだ。小さい頃に何があったのだろうか……」

それまでの人生で重ね着してきた鎧を一枚一枚はがしていく作業は、ものすごくつらいことだった。何度も大泣きした。そうやって、自分の本質って何なのかを探していったのだ。鎧をはがすことで思い浮かぶ思い出には、楽しいこともつらいことも、思い出したくもなかったこともあった。でも、それがいい悪いではなく、そのままの自分を認めて肯定していくことで、次第に気持ちが楽になっていったのだ。そして、自分を肯定できるようになると、人のことも肯定的にみられるようになっていった。

　自分を変えることができたおかげで、仙台の街の人たちの優しさに気づくことができた。仙台で過ごしていく中で自分が成長できているという実感も持てるようになったのは、大きな変化だ。

　ケーキ屋でもちょっとした成功体験を積むことができた。アパレルブランドがネットで商品の色をパーツごとにカスタマイズしているサービスを見て、ケー

「心の鎧をはがす」ことで、自分を肯定していく

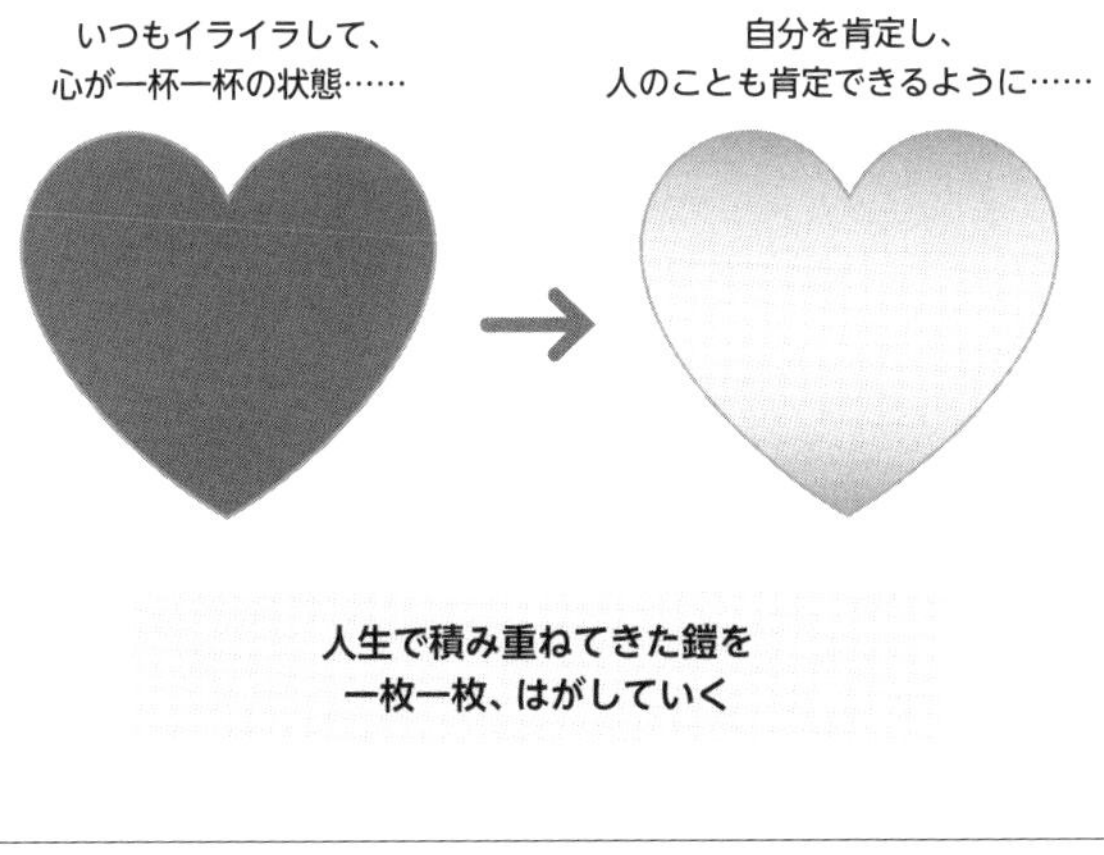
いつもイライラして、
心が一杯一杯の状態……
自分を肯定し、
人のことも肯定できるように……
人生で積み重ねてきた鎧を
一枚一枚、はがしていく

キに応用してみたのだ。バースデーケーキなど、ちょっとしたイベント時には特別なケーキがほしいもの。そこで、トッピングやスポンジの間にはさむ具材など、いくつかの選択肢の中から自分好みのものを組み合わせてオリジナルなケーキをつくれるサービスをネットで受け付けることにした。しかも、無料で配達するという付加価値もつけた。これが、話題になり、地元の複数のメディアで取り上げられることになったのだ。生ケーキにこだわっていたので、県外の注文に対応することはしなかったが、それでも結構な売上になった。

ケーキ屋を経営しながらリモートでSPDの代表取締役としての仕事もしていたが、遠隔では無理だと思い至り、本社へ乗り込むことを決意。その頃には、ケーキ屋の他にも飲食店をいくつか経営していたのだが、すべて閉店した。仙台で過ごした約6年の間には、本当にいろいろなことがあった。私の半生を人に話すとジェットコースターに乗っているようだといわれるが、その中でも仙台にいた時期は印象深く、大きなターニングポイントになったと感じている。

Cake

本格的にSPDへと復帰。4年の社長期間に変化と進化を！

先にも少し触れたが、仙台でケーキ屋をしながら、SPDの代表取締役としてリモートで経営にタッチするようになった。最初はそれでも何とかなるだろうと思っていたのだが、現実はそう甘くはなかった。会社の役員たちにとって、代表取締役になったといっても私は子どもの頃から知っている先代社長の息子であって、「どんなものか見てやろう」といった見方しかしない。それまでに私がしてきた失敗や遊び惚《ほう》けてきた姿も知っているので、当然、私のいうことなど真剣に聞こうとはしなかった。

例えば、資金調達において、銀行から5年の長期でお金を借りるよう指示を出した。SPDは当時から帝国データバンクの評点が非常に高かったので、低い金利で借りられるはずだからだ。評点というのは、経営活動の健全性や支払い能力、安全な取引ができる企業かなどを第三者機関として帝国データバンクが100点満点で評価した点数で、例えば51点以上あれば、優良企業と判断されるというもの。なのに、そのときの経営陣は銀行のいうまま、金利の高い社債という調達方法を選んでいた。

一事が万事この調子で、ことあるごとに反発し、嫌がらせをするかのように、私の指示とは違うことを行っていたのだ。

私の方にも強くいえない事情があった。強硬な態度に出て相手がへそを曲げ、役員連中に既存のお客様を持って会社を出ていかれてはマズいと思っていたかららだ。リモートではお客様との関係性を築くのにも限界があり、役員たちが長年かけて築いてきたつながりに割り込むことは、短時間では難しかった。

しかし、堪忍袋の緒が切れる事態が発生する。父が亡くなった後、社長を引き継いでいた人物が重大な問題を起こしたのだ。とうとう怒りが爆発した私は、彼を仙台へ呼びつけ、即座に彼の職を解いて私が社長に就任。仙台を離れる決意をして本社へ乗り込むことにした。まず手を付けたのは、役員の整理を徹底することだ。私に強い反感を抱いていた役員は自ら会社を去っていったが、それ以外の役員も一人を除いて職を解いた。そして、そういった役員たちに押さえつけられて力を発揮できていなかった現社長や専務を役員に引き上げていったのだ。そこから一気に改革を加速させていくことになる。

既存の〝不要な〟仕組みを壊して改革を断行

自分が社長となり、改めて会社を見てみると、かつて感じていた「ダサい」ままのSPDだった。

顧客第一主義は掲げていたものの、その看板にふさわしくないことも多々行っていたり、あいかわらずずさんな経営状態だったり。とにかくすべてを壊して、つくり直さなければならないと思い、実行していった。

父の代のときから幹部社員だけ毎年一回社員旅行へ行っていた。朝礼では、父の著書の一部を社員に読み上げさせたりもしていた。出社したら、会社の前を掃除するというのも日課になっていたのだが、そういったことのすべてを廃止した。それは仕事ではないと思ったからだ。

それよりも業務に集中することが大事だと考えた。そうしてすべてを壊してから、上場や売上100億円という目標を掲げ、社名からロゴ、スローガンを刷新していったのだ。

ただ、社員旅行を廃止したことに関しては、「仲間」を大切にする自分の経営哲学に反すると感じたため、復活しようと考えていた。しかし、私が社長をしていた期間の大半がコロナ禍であり、役員をはじめ、社内に「社員旅行は早い」という雰囲気があったため、実際に復活させてはいない。現在は、会長になっているので、復活させるかどうかは社長の判断に任せている。

先代時代からの役員がいなくなったことで、新しく役員に抜擢されたメンバーが解き放たれたように力を発揮しだした。以前は、何か新しいことに挑戦しようと提案しても、耳を傾けることなく却下されたり、いつのまにか流れていたりするばかりだった。父の周りにはイエスマンが大勢いて、「あれは会長の聖域だから」などと忖度して、父の判断をあおぐ前に役員たちが提案を握りつぶしていたのだ。

おかげで、若手が会社の成長を思い、魅力的な提案をしても、ちっとも実現することがなかった。

それが、私が社長になり、周りに「任せる」チーム経営に切り替えたことで、意欲ある若手が存分に動けるようになった。長らく押さえつけられていた分、出口を塞いでいた蓋《ふた》がなくなったときのパワーはすごい。当時、コロナ禍によって警備業界には猛烈な逆風が吹いていたが、SPDにはまったく影響がなく、反対に業績が急激に伸びていったのだ。50億円ほどだった売上は、4年後の2022年には70億円を突破している。長年、1～2パーセントの間で横ばいだった利益率も4パーセント前後にまで上昇しているのだ。

Chapter 2
発想の源泉！ 波乱万丈のMy Profile

短期間での会長への就任。何を考え、後進に道を譲ったのか？

私は社長になって4年で社長の職を現社長へ譲り、会長になった。人によっては「業績も上がっているのに、なぜ」と疑問に思うこともあるようだ。だが、私自身は自然なことだと思っている。理由は、明確だ。私よりも仕事のスキルが抜群に高い彼が社長をした方が、お客様にいいものを提供できるし、お客様が喜ぶからにほかならない。SPDはお客様を大切にしている。そのお客様のために、自分よりも貢献できる人材がいるなら、その役割を譲るのは当たり前のことだと思っている。別に、何年やったとかは関係ないことだろう。

人の技量には上限がある。それは私も同じだ。私は、イーロン・マスク氏をすごい経営者だと思っているし、ソフトバンクの孫正義さんを尊敬している。でも、彼らのようになりたくても、なれないこともわかっている。要は、SP

Dをここからさらに成長させていくには、私ではダメだということがわかっているので、社長を変わった。そこに未練などはまったくない。新しいことをはじめればいいだけのことで、ゼロイチが得意な私にとっては、その方が役に立てると思ってもいる。それに、その方が、私自身も楽しい。

社長から会長になって、果たすべき役割が変わったと考えている。社長は、100メートル走の先頭を全力で走って、みんなに背中を見せるのが役割。信頼できる仲間に任せて、全責任を負うのが仕事だ。それでも、社長時代は指示すべきことが見えたときは、自分からそのことを指摘しにいっていた。ちょっと進む方向が間違っているなと思えば、自分からアドバイスをしていた。それは、社長が引っ張っていく役割を担っているからだ。

しかし、会長になって大切にしていることは、「我慢する」こと。前面には出ないことだ。仲間が進んでいる方向や行っていることが間違っているなと気づいても、相手が相談にこない限り、こちらからは何もいわない。

理由は、その方が周りの人間が成長するから。彼らが自分で気づいて、目覚めて、自覚して、トライ&エラーを経験することが一番成長する方法なので、自分からアドバイスをして、その機会をつぶすようなことはしたくない。それに、会長が出しゃばってしまうと、会社を引っ張っていかなければならない社長の影が薄くなってしまう。あくまでも会社の旗振り役は社長であるべきなので、会長は聞き役に回ることが大切だと考えている。

私は役職によって、偉い、偉くないといった上下はないと考えている。上司や先輩が先輩面するのは、自分を守りたいからだ。役職とは関係ない。部長、課長、リーダーという役職で果たすべき役割を全うすればいいだけで、部長だから偉いといった関係性のものではない。

信頼関係で結ばれた仲間として協力できればいいことで、組織はフラットな方が力を発揮できると思う。役職というのは、組織が烏合の衆にならないための指揮命令系統をはっきりさせておくためのものでしかない。

ただ、フラットな関係性を「何をしてもいい」と勘違いする人間もたまにいる。仲がいいからこそ、お互いに相手の尊厳は尊重するし、大切にするものだ。そこをはき違えて踏み越えてくる人間には、「お前とは、そこまで仲良くないよな」とガツンとたしなめる。かつて西武ライオンズの黄金期を築いた森祇晶監督の著書に、「常勝軍団は自分で管理できるから放っておいていい、任せていい。だけど、負けているダメなチームは管理しないといけない」という言葉があった。その通りだろう。会社の中に自由な空間をつくると、デキる人とダメな人が見え

会長と社長の違い

会長 → 我慢して待ち、成長を見守る → → → → →

社長 →全速力で走り、背中を見せる→ → → → →

てくる。だから、ダメな人に対してはバシバシやるように社長時代はしていた。なにせ、社長は全責任を負うべき最終責任者なので、会社というチーム全体をうまく導く責任があったからだ。

話がずれてしまったが、なぜ役職の話をしたのかというと、役職によって求められる責任や役割、見える風景が変わるからだ。当然、その役職だからこそ経験できるものというものもある。会長と社長の役割が違うと説明したように、そこで経験できること、経験から得られるものも違う。そのため、私がいつまでも社長をしてしまうと、後に続く仲間が「社長」でしか経験できないことを経験できず、成長の機会を失ってしまう。それなら、上がさっさとどいて、次に譲っていったほうが仲間のためになると思うのだ。20歳の頃、SPDを辞めて不動産会社へ移ったときから、こういった考え方はあまり変わっていない。

このように会長の大きなミッションは、仲間が成長できる環境を整えること。もちろん、私自身も成長していきたいし、成長していくべきだと思うが、その方法は、自分で探っていけばいいのだと思っている。

任せた！

Chapter 3

夢を現実に。跡継ぎリーダーの手法

トップが持つべき心得として、父から受け継いだもの、変えたこと

私は「形より入り、心に至る」という言葉が好きだ。人間、心を入れ替えようと思っても、そう簡単にできるものではない。人が容易に変わることができないのは、心を変えるために長い時間が必要だからだ。仙台で過呼吸になるほど苦しい思いをして、藁にも縋るように、自分を深く掘り下げたおかげで、私は今の自分に変わることができた。でも、それはパッと変われたわけではなく、時間をかけて、泣くほどつらい思いもしながら、ようやくできたことだった。

昔から武道では型を繰り返し練習することで、その神髄を理解しようとしてきた。職人の世界も先達の動きを真似るところから修業がはじまる。尊敬する一倉先生も、「環境整備こそ、すべての活動の原点である」といい、「環境整備には、いかなる社員教育も、どんな道徳教育も足下にも及ばない」と教えて

いる。「環境整備とは、規律・清潔・整頓・安全・衛生」の五つを行うことで、環境整備を行った人々の心に革命をもたらすとまでいっている。父は一倉先生を崇拝していたため、先生の教えを愚直に実践していた。顧客第一主義がそうだし、毎朝の清掃を行っていたのも先生が清掃の大切さを説いていたからだ。

私が社長となったときに、毎朝の清掃は取りやめたが、長年清掃を繰り返してきたことで培った心＝会社の土壌まで放棄したつもりはない。顧客第一主義も同様で、時間をかけて土壌として会社に定着しているもののうち、これからのSPDに不可欠だと判断したものは、変えずに受け継いでいる。それは、簡単に醸成できるものではなく、手放してはいけないものだからだ。

もう一つ、父のやり方を受け継いだものに、「褒める」ことがある。父は、私が小さい頃から学校の成績がいいわけでもないのに「お前は天才だ」と褒めてくれた。当時としては珍しい子育て方法だったと思う。父は、北欧などへ勉強に行っていたので、そのときに学んだのかもしれない。褒めるのは、いい気を取り入れて元気になってもらいたいから。仲間がうまくいっていないとき、そのことを叱ってしまうと、叱られたほうは気持ちが前へ向きにくくなってしまうだろう。また、うまくいっていない様子を見て、私もイライラしてしまうことがあるが、それを相手にぶつけてもしょうがない。それよりも相手のいいところを見つけて褒めるほうが、気持ちも上がるし元気が出る。そのほかの大部分は、私が社長になったタイミングで変えた。社名からロゴ、スローガン、行動指針……。父の頃から働いていた役員たちもクビにしたくらいだ。そのくらいしなければ、SPDを改革することができないと思えたからだ。

トップとして受け継いだもの、変えたもの

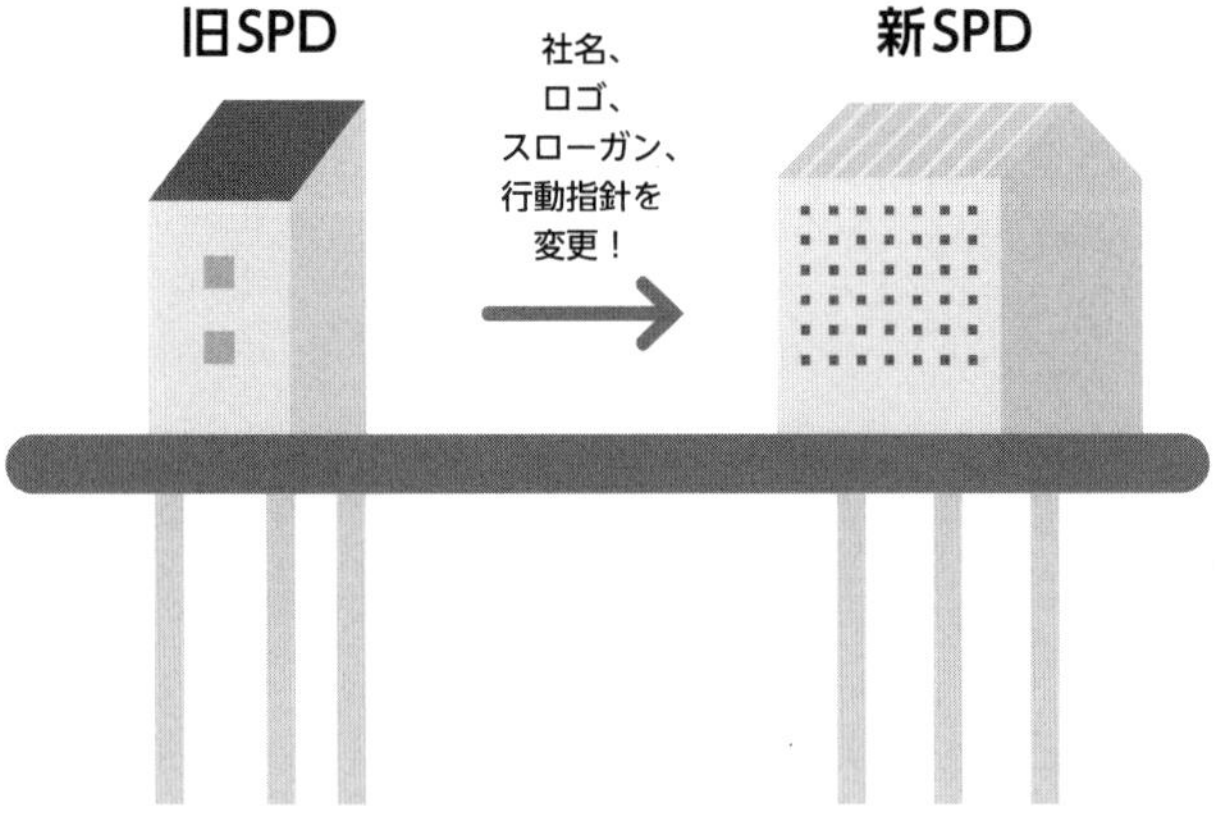

Chapter 3

夢を現実に。跡継ぎリーダーの手法

会社経営で大事なものは、「金」→「人」→「情報」と考えていく

「人」の大切さについては話したが、私はチーム経営を標榜《ひょうぼう》する上で、「優れたチーム」であることを重要視している。それは、お互いをわかり合い、受け入れられる関係性があることが大前提であり、そのうえでそれぞれのポジションで、自身の能力を最大限に活かして結果を出していける人たちの集まりだと考えている。父の周りには、イエスマンが大勢いたが、そんな人たちがいくら集まっても優れたチームにはなれない。お互いわかり合えている関係性を築くには、個人と個人の価値観をぶつけ合う必要があるからだ。価値観をぶつけ合うのだから喧嘩になることもあるが、別に悪いことではない。それによって、以前にも増して理解し合えるようになり関係が深まることもあるからだ。仮に、疎遠になったとしても、それはお互いに合わないことがわかったわけなの

で、優れたチームになるという点でムダなことではない。しかしイエスマンは、気に入られるために演じているにすぎず、そこに価値観のぶつかり合いなどは生まれない。私たちの人生はドラマではないのだから、自分を演じる＝自分を偽ることこそ、ムダなことだというのが、私の考え方だ。

ただ、会社経営において大事なものは何かと聞かれれば、第一が「お金」で次が「人」、三番目が「情報」だと答える。お金が第一というと矛盾しているように思うかもしれないが、そんなことはない。

すでに説明したが、お金は自分の命の対価なのだから大切なのは当たり前のこと。「お金が好き」というと、何か卑しい目で見られたりするが、私にしてみれば、それを卑しいと思う感覚のほうがおかしいと感じてしまう。

それに、経営において、ベースであり、何よりも大切な「人」を採用するには、お金が必要になる。特に、優秀な人を確保しようと思えば、相応の報酬を提示しなければならない。私が、第一にお金を上げているのは、つまり、人を雇うためにも欠かせないものがお金だからだ。

多くの情報に気づけるのは、強みではなく弱点

「情報」については、社長になってから考え方が変わった。私は繊細な人間なので、昔から、同じ時間、同じ場所にいても周りの人たちより、ちょっとした変化などに気づいてしまう。例えば、複数名が同じ部屋の中にいてイスに座っていたとき、視界の端にいる人がカーディガンを羽織ったとする。他の人は、そんな仕草は見せないのなら、この部屋の空調だと、その人が座っている場所だけ暖房が届いていないのかもしれない、もしくはその人はかなり寒がりなのかもしれない。そう気づければ、「暖房の温度を少し上げましょうか」と声をかけることができるし、そっとカイロを差し出してもいい。

仕事ができるビジネスパーソンのほとんどは、人の気持ちがわかる人だ。相手が何を思い、感じ、どうしてほしいのか。相手の仕草や会話、その他ちょっとした情報を見逃すことなく、何に対応すべきか取捨選択をして優先度の高いものから的確に応えていけるからこそ、お客様にも喜ばれる。「また、この人

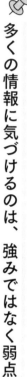

と仕事がしたい」と思ってもらえる。だから、人よりも多くの情報に気づけるのは、自分の強みなのだとずっと思っていた。

しかし、そうではないと気づいた。あまりにも多くの情報が入ってくると脳が疲れてしまい、情報を的確に処理することができなくなる。特に社長になってからは、「世の中にある大半の情報は取り込む必要などなく、その分、頭を休めることも重要だ。目的を達成するために必要な情報だけ取り入れて吟味すればいい」と思うようになった。

イメージは、戦国武将だ。大将は白い陣幕の中にいて、伝令がもたらす情報で戦況を判断して指示を出す。自らが前線に出てしまうと、その場の細かい情報はより多く得ることができるが、他の戦場の状況は把握できない。最初から戦場を自分の目で見てしまうと、そこに心が流されてしまう恐れもある。だから、まずは伝令がもたらす情報で全体像や各戦場の状況を冷静に分析し、必要に応じて、より詳しい情報を取りに行ったりするのだ。

そんなことを考えるようになってからは、私も自分の中に入ってくる情報をコントロールするようになった。まずは信頼している仲間の情報をもとに客観的に状況を把握、分析して、必要だと思った場合に、自分から情報を取りに行く。「仲間が意図的に嘘の情報を伝えてきたらどうするのだ」といわれそうだが、信頼している仲間がそんなことをするはずはない。もしも、嘘の情報を伝えたのだとしても、そうさせてしまった原因は自分にあるのだろうから、それは甘んじて受け入れる。その覚悟があるからこそ、任せられるのだし、その覚悟が持てないなら社長など辞めてしまえばいい。

「情報」は、戦国武将のように扱う

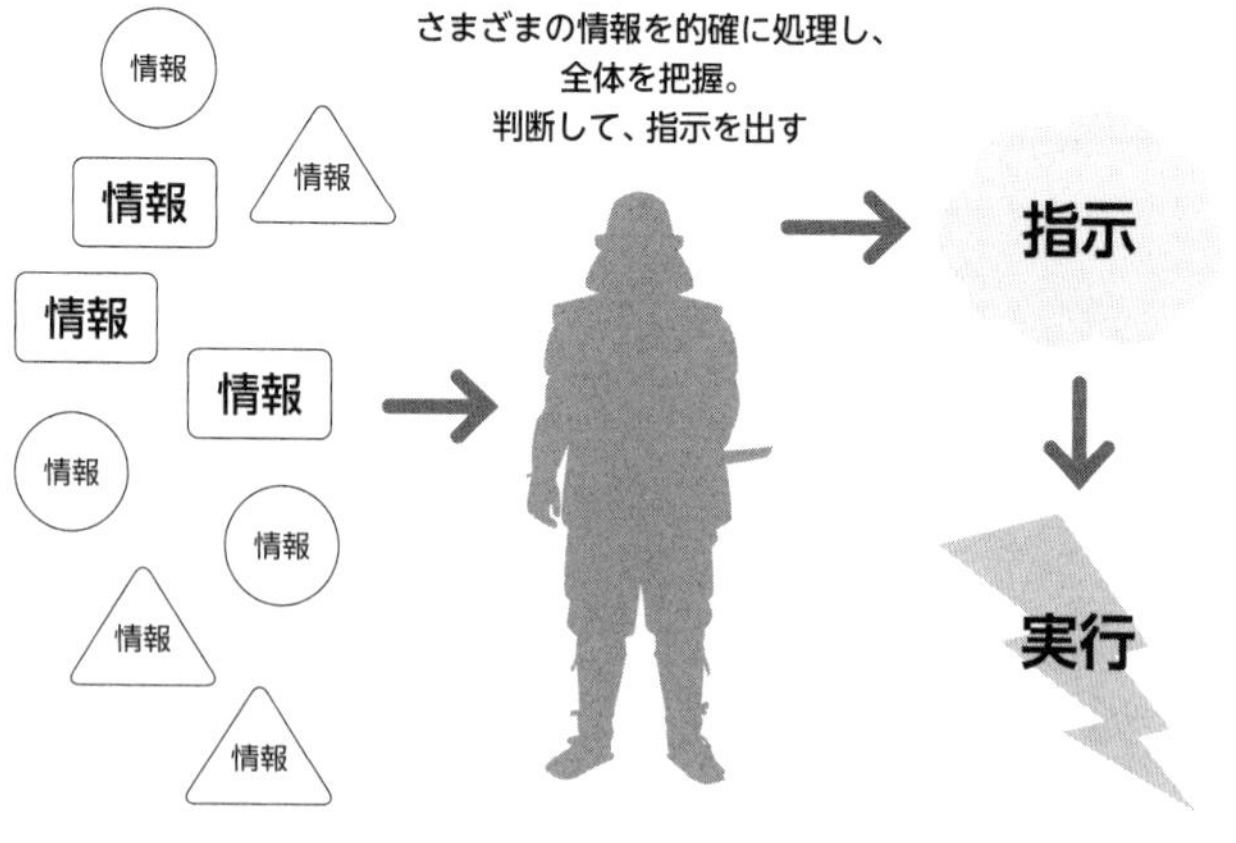

Chapter 3
夢を現実に。跡継ぎリーダーの手法

社員教育を徹底するため、楽しく学べる研修素材を一からつくる

会社で行われている研修のほぼすべては、スキルに大きく偏っている。ビジネスマナーや事業に関する知識の修得、マネジメント研修など、いずれも、「○○という場合に、どうすべきか」というノウハウを伝えるものばかりだ。

しかし、教育とは「心と頭」の問題だと思う。この二つのうち、「心」が先で、頭＝スキルはそれから身につければいいものというのが、私の考え方だ。そして、ここでいっている「心」とは、「自分を知る」ことを指している。

人間はオギャーと生まれてから成長する過程で、世の中を知り、いろいろな考えを持つ人たちに出会い、理不尽や不快感、喜び、悲しみなど感情を揺さぶられるような経験をする中で「うまいこと」生きていくために、何枚も鎧を重ね着していく。でも、鎧を着ているということは、自分を演じているということ

とだ。そのため、差し迫った状況に追い込まれたときに「踏ん張るための軸」や、大きな決断をするときに「発想の起点となる軸」というものが自分の中に見つけられない。「これだ」と思っても、それは重ね着した自分がその状況に応じてひねり出したものなので、軸を見つけた気になっているだけにすぎない。だから、そういった状況に追い込まれるたびに違う判断をしてしまうことになる。周りにいる人にとっては、「いつも軸がブレている人間」など信頼しろといっても無理な話だろう。

だから教育をするには、まず「鎧を脱いだ自分」を知ることが大切だと思っている。事実、かつての私は、ひどい人間だったし、「自分、自分」という性格で周りを理解しようとはしなかった。自分を変えることができたのは、自分を掘り下げ、自分という人間がどんな人間なのかを知ったからだ。

おかげで、楽になれたし、以前よりも大分、耐えられるようになった。周りを受け入れられるようになったのも、自分を知ってからだ。自分に何ができて、何ができないのかということもわかったので、できないことは信頼する仲間に任せられるようにもなった。教育において重要なのは、まずは「心」だ。そこさえできれば、スキルやロジックを教えるのは、そう難しいことではない。

私は、何事も「楽しい」ことを大切にしている。好きな人たちに囲まれて、そのチームが会社になって、いい雰囲気の中で働くことができて、仕事で稼いだお金で土日を楽しんで、月曜、会社へ行けば、また楽しい。それが私の理想で、それを実現するために経営している。誰しも、毎日楽しく過ごせるほうがいいはずだ。それは、何かを学ぶときも一緒だろう。

警備員の仕事をはじめてするときには、「新任研修」と呼ばれる研修を受けることが法律で義務付けられている。そのためのビデオも発売されていて、うちも以前はそのビデオを使って研修をしていた。

ただ、これがつまらないのだ。合計20時間くらいあるのだが、見ていると眠くなってしまう。別に受講者が眠くなろうが、ビデオを見せていれば、法律上、問題ないという考え方もあるだろう。

しかし、法律で義務付けているのは、内容をしっかり理解する必要があるからだ。それなら、ちゃんと記憶に残るものでなければならないし、何より、眠くなるようなビデオを見るために何時間も費やすのは、時間のムダでしかない。

そこで、研修ビデオを一からつくり直した。伝えるべき内容、盛り込まなければならないポイントを整理した上で、テレビにも出演している芸人さんたちに協力してもらい、楽しい要素をふんだんに取り入れたものに仕上げた。おかげで、以前のビデオよりも好評のようだ。

本質に立ち返り、そこからバックキャ

楽しく学べるSPDの研修ビデオ

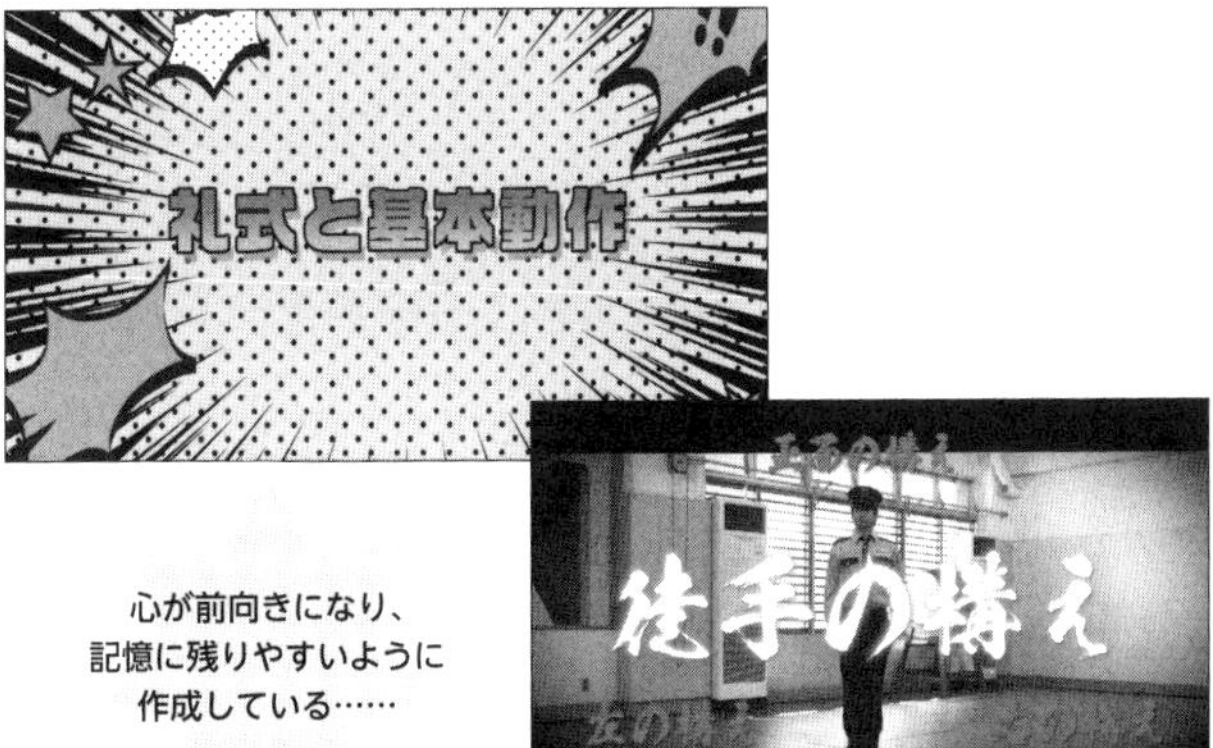

心が前向きになり、
記憶に残りやすいように
作成している……

ストして何をすべきか発想するというスタンスは、教育に限ったことではない。

そして、「何のためにするのか」を明確にして、それを達成できるのであれば、過程の時間は「楽しい」に越したことはない。楽しい方が、心が前向きになるし、記憶にも残りやすい。


何も考えずに自社オリジナルのビデオをつくるという目的だけ設定してしまうと、既存のものを参考にしてしまい、従来同様、固く、面白くもないものになりがちだ。しかし、そんなものはすでに世の中にたくさんあり、お金と時間をドブに捨てるようなものだ。

逆に世の中にまだないもの、しかも、それが大きな効果を期待できるものであれば、新たなビジネスに発展するかもしれない。芸人さんに出演してもらったビデオも、まずは社内教育で使いながらブラッシュアップを重ねた後、教育事業として社外へ展開していくことを考えている。

シーン56！
面白い感じで頼むよ

Have a Dream。夢を持たせるために「上場するぞ！」と宣言

仙台から戻ったときに「株式上場」することを宣言した。一倉先生の門下生の方が、「究極の選択でいえば、会社というものは、売るか、やめるか、上場するかしかない」とおっしゃっていた。私も、それしかないだろうと思っていたので、それなら上場しようと思うようになった。

この言葉が上場を思い立つきっかけだったが、決断した理由には、他にもいくつかある。一つは、ムーンショットによって、みんなのモチベーションをあげるためだ。高い目標を掲げて、私が先頭で全力疾走することで、仲間の力をまとめ、スピード感をもって業績を伸ばしていくことができると考えた。それに、私は会社を大きく変えようと思っていた。父の代から行ってきたことの多くを壊してしまい、新しいＳＰＤをつくっていくことを決めていた。それには、

会社全体で「変わっていこう」という気概を醸成していく必要がある。その旗印として、夢のある「上場」は大きな原動力になると思ったわけだ。

二つ目の理由は、「ダサい会社」を変えるためだった。何度か書いたが、昔の私は警備会社の社長だと紹介されることが恥ずかしかった。売上は何十億円もあったし、社歴も50年を超えていたけれど、誇れるものではなかった。

なぜなら、自分が内実までよく知っているSPDをダサいと感じていたから。例えば、顧客第一主義を掲げているものの、「すべてそうだとはいい切れない」と思うようなところが多々あったし、法律を犯すようなことはしていないが、自慢できないようなこともしていた。小さい頃から父がしてきたことを思うと、その会社のトップが自分だと紹介するのが嫌だったのだ。

でも、上場すれば、会社の数字や業績、考え方、成長戦略などを公開することになる。上場するためには、コンプライアンスなど会社の仕組みや制度について、厳格な条件を満たさなければならない。売上や利益、経費など、会社の数字の細かいところまで監査が入る。こそこそと裏でやましいことをすることなどできはしない。逆にいえば、上場するということは、丸裸で堂々と表を歩ける会社に生まれ変われるということだ。私は、SPDをそういう会社にしたかった。社員が自信を持って「カッコいい」といえる会社、「誇れる」会社にしたかった。上場することが、そうなるための近道だと思えたのだ。

上場することができれば、ストックオプションなど、利益を社員にも還元する仕組みづくりにも着手したい。それが励みになって、社員のやる気が高まってくれれば、いうことはない。

上場を決意した三つ目の理由が、私を支えてくれている仲間たちへの恩返しだ。Chapter2で触れたが、SPDの社長になるまでの私は、自慢できるような人間ではなかった。現社長と専務がSPDへ入るきっかけをつくっておきながら、自分だけ海外へ出ていって起業したり、クビになったからとはいえ、彼らだけ会社に残すことになり、一緒に苦労することもできなかった。それでも、彼らは、変わらず仲間でいてくれた。だからこそ、自分のことよりも彼らのことを先に考えなければいけないと思っている。

私は最悪のことを想定しながら、どう動くべきかを考えるタイプなので、会社はつぶれるものだと覚悟を決めている。もちろん、そうならないよう、四六時中、考えている。仕事の多くを仲間に任せているので、あまり会社に顔を出すことはないし、私の生活ぶりを見た人の多くは「遊んでばかりいる」と感じるかもしれない。でも、何千人という社員の人生を背負っている責任の重さはわかっている

Have a Dream。「株式上場」を宣言した理由

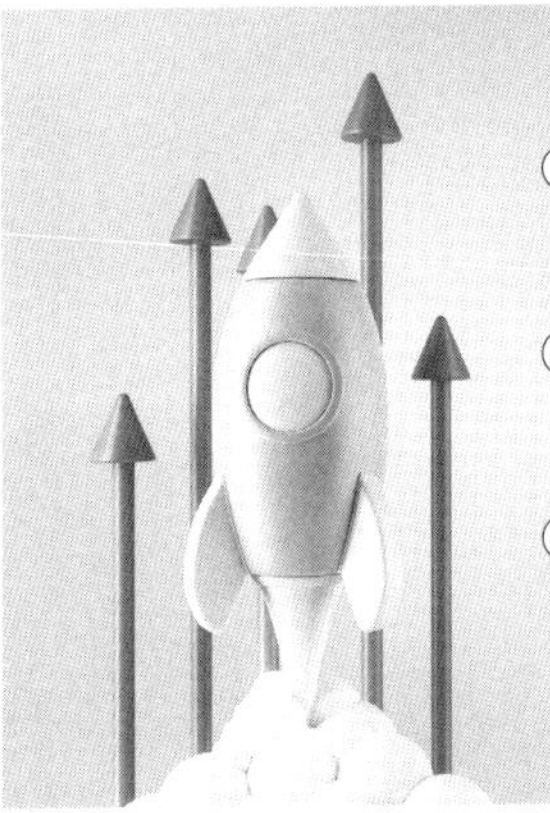

①社員のモチベーションをあげる／
ムーンショットによって
「変わっていこう」という気概を醸成

②「ダサい会社」のイメージを一新／
「カッコいい」「誇れる」と
思える会社へ進化していく

③仲間への恩返し／
支えてくれた仲間たちの
市場価値を高めていくために……

し、覚悟もある。だから、会社に行っていないときであっても、会社のことが頭を離れることはない。

しかし、それでも会社がつぶれることはある。他社に買収されて、経営層は全員追い出されることだってあるだろう。自分は、会社がつぶれようがどうなろうが、どうとでも生きていける。そのくらいのバイタリティはあるつもりだ。

でも、自己犠牲の上で私を支えてくれている仲間たちが路頭に迷う姿は見たくない。たとえ会社がなくなっても、「その次」へ進めるように備えだけはしておきたい。そのための方法の一つが「上場」だ。再就職する場合、上場した会社で役員をしていれば、他の会社から顧問などの話もくるだろう。上場を実現するまでに培った知見を必要とする会社は数多くあるので、転職するにも多くの選択肢を持つことができる。もちろん、上場した際、それなりの資産も手に入るので、自分でビジネスをはじめることだってできるはずだ。彼らには、MBAも取得してもらっているのだが、それも、SPDのためというだけでなく、彼ら自身の市場価値を高めておきたいと考えたからだ。

いざ上場へ

会社をよくすることは、社会をよくすること。この発想がいい仕事に

ＳＰＤには「ぐるぐるチャート」というものがある。これは、会社がよくなり、大きくなることで、結果的に社会がよくなっていくという好循環をチャートにしたものだ。会社は社員の心と頭を教育して「いい仕事」ができる警備員に育てるところがスタート。その社員をお客様のもとへ派遣して、社員が質の高い警備を実践することで、お客様は喜んでくれる。「ありがとう」などと感謝の言葉をかけてくれるかもしれない。喜ぶお客様を見れば、自分の仕事が認められたのだと派遣された警備員も嬉しくなる。仕事に対する充実感や満足感は、「もっと頑張ろう」という仕事へのモチベーションを引き出してくれ、社員は、より一層いい仕事をしようと考え、行動するようになる。お客様も、ＳＰＤに仕事を依頼すれば、いい警備員が来てくれるので、また仕事を依頼して

くださる。その結果、売上が伸びていく。そこで得た利益を社員教育や給料へ還元することで、社員も喜ぶし、もっと成長したい、SPDで活躍したいと考えるようになってくれる――。この好循環が加速しながら大きくなっていけば、仕事に満足している社員もお客様もどんどん増えていくことになるだろう。

社会に貢献するとか、社会をよくするというのは、その社会で暮らしている「人」に貢献することだ。日々の生活や人生に充実感を得ている人、生きているのが楽しいと思える人を増やしていくことだと思う。「ぐるぐるチャート」を実現していくことで、そんな人を一人でも多く増やせれば、社会をよくしていくことに多少なりともつながっていくだろう。

「ぐるぐるチャート」を社員たちに共有することは、仕事への励みにもつながるのではないだろうか。毎日、同じような業務に携わっていると、気持ちにも緩みが生まれ、業務がいつの間にか作業になっていたりする。それを防ぐいい方法は、自分たちの仕事が社会や身近な人たちの役に立っていることを自覚することだ。「ぐるぐるチャート」のように、自分たちの仕事が必要とされていること、仕事の質を高めることが社会の役に立つことを目で確認できることは、仕事へのモチベーションという意味でもプラスになるはずだ。

また、会社が大きくなっていけば、それだけ国に納める税金も多くなる。国が国民のために政策を実行するには、税金が欠かせないのだから、会社が払うべき税金をきちんと納めることによっても、社会をよくしていくことに貢献できるはずだ。若い頃は、日本がダサいと思い、海外で暮らしたい、海外でビジネスをしたいと思ったりもした。ベトナムで、これから発展していく国特有の熱気に魅せられて起業したときもそうだし、電話一本でＳＰＤをクビになったとき、本気でタイへ移住しようと思ったのも、心のどこかに「ダサい日本から出たい」という気持ちがあったからだ。

しかし、今は海外で過ごしたいとは思わない。自分は日本人なんだとつくづく思うようになったからだ。海外で暮らすには、言語が大事になる。私は英語を話せるが、日本語で話すときの微妙なニュアンスまで表現することはできない。それに、アイデンティティは日本人なのだということを、海外へ行って苦労することで知ることもできたのだと思う。今は、日本が合うと思っているし、日本という国、社会に貢献したいという思いが強い。

自分が日本人なのだと感じるようになった背景には、「昭和の男」でありたいという気持ちも関係しているのかもしれない。私は、昭和56年生まれなので、昭和という時代を過ごした期間は8年ほどでしかない。それでも、昭和という時代の色を濃く受け継いでいる気がしている。

今はとても便利だ。スマホで電話もメールもSNSもできるし、ネットで多種多様な情報へ簡単にアクセスできる。

SPDの「ぐるぐるチャート」

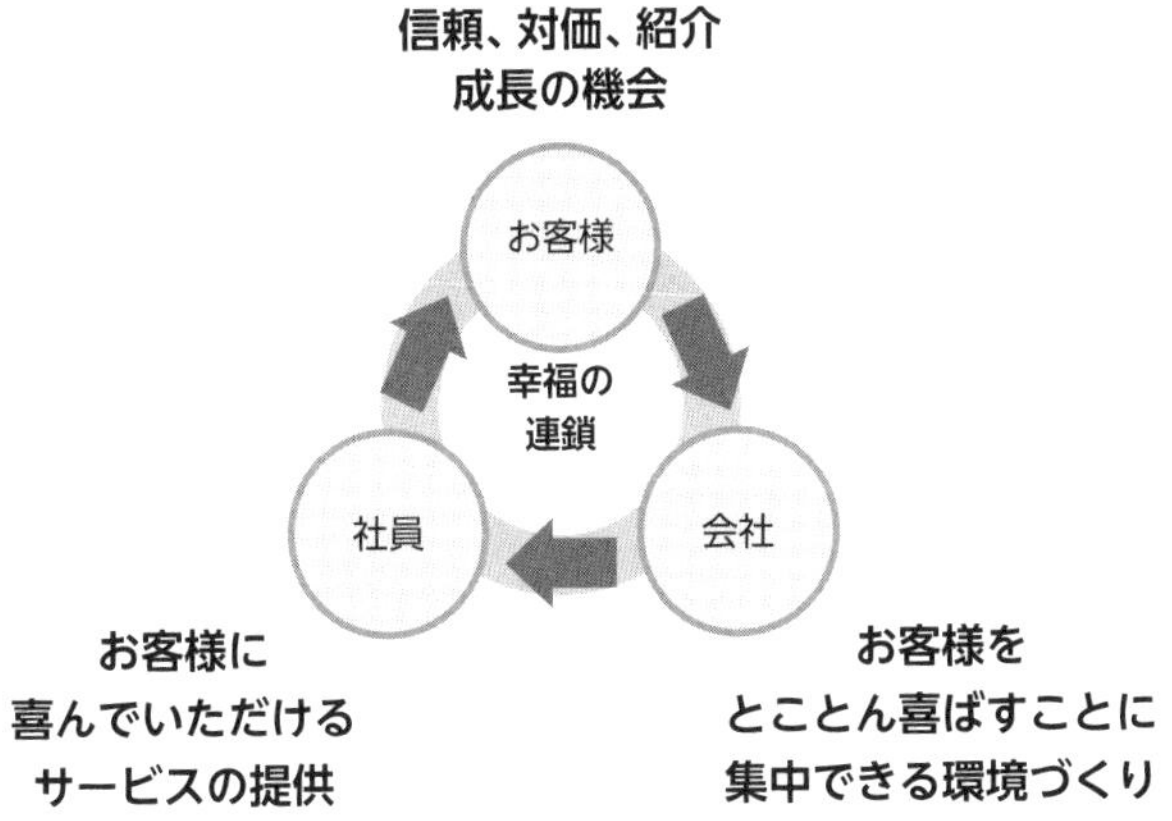

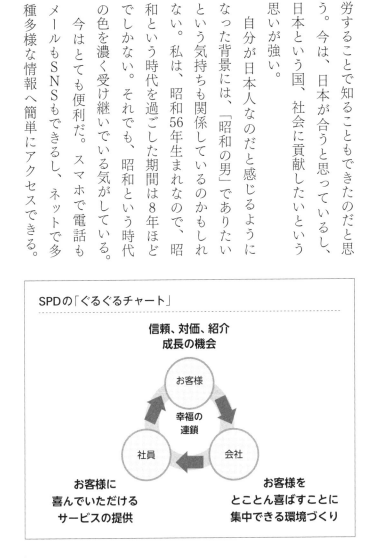

コミュニケーションツールが増えたことで、いつでも連絡が取れるようになっている。しかし、昭和はコミュニケーションがアナログな時代。ポケベルが出はじめたくらいで、それこそ駅の伝言板で待ち合わせ時に連絡を取り合ったりしていた。だからといって人と人との関係性が薄いかといったら、今よりもむしろ濃いくらいだ。街中で悪いことをしていると、普通に知らないおじさん、おばさんに叱られた。人間関係も泥臭かったり濃厚だったりしたものだ。それに、我慢しなければならないことも多く、今よりも「責任」というものを突き付けられる場面が多かった気もする。何かを手に入れるには、相応の責任を果たさなければならない。そのことを誰もが肌感覚で理解していたと思うのだ。そういった不便さが、逆に、時代を動かすようなエネルギーや意志の強さなどを育んでいたのだと思う。

別に、平成や令和が悪いといっているわけじゃない。8年ほどしか生きていない昭和にもっともシンパシーを感じる自分がいて、ＳＰＤにも昭和の雰囲気が色濃く反映されているような気がしているというだけのことだ。

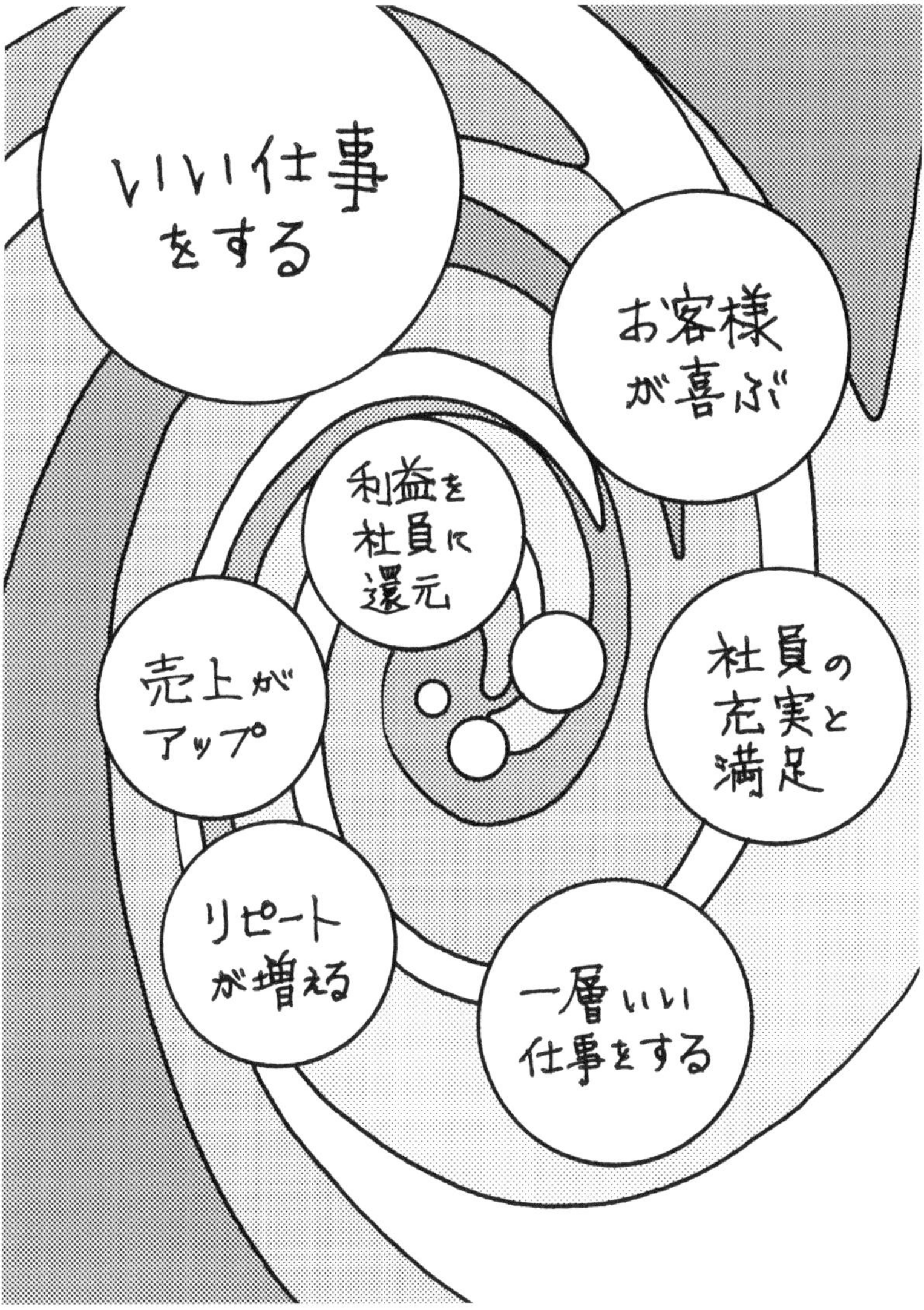
いい仕事をする
お客様が喜ぶ
社員の充実と満足
一層いい仕事をする
リピートが増える
売上がアップ
利益を社員に還元

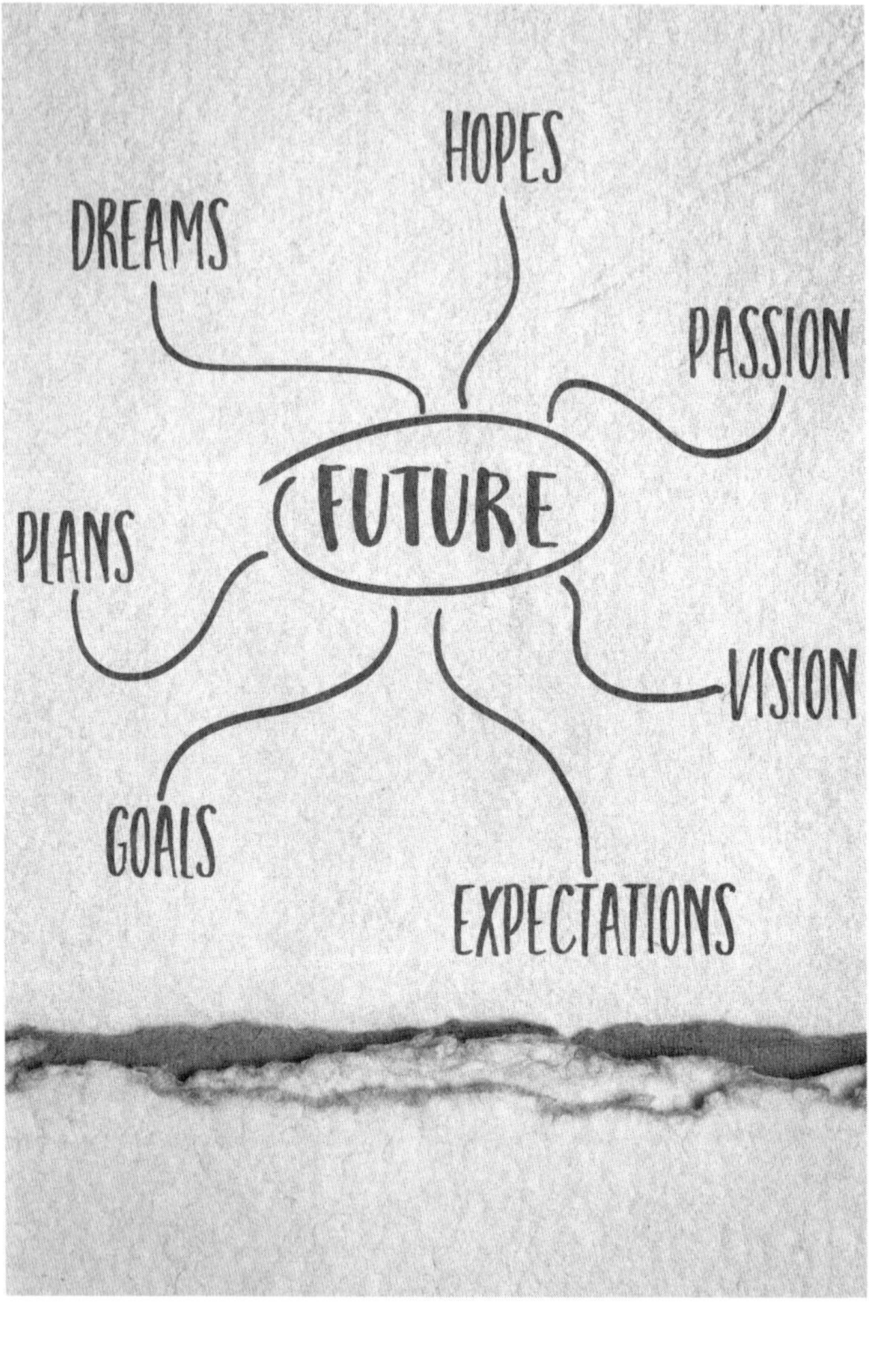
HOPES
DREAMS
PASSION
FUTURE
PLANS
VISION
GOALS
EXPECTATIONS

Chapter 4

150億円企業に向けた〝未来ビジョン〟

ステークホルダーに向けた「経営計画発表会」。ここで語ることは？

ＳＰＤでは、父が40代の頃から「経営計画発表会」を行っている。目的は大きく三つ。

一つは、社長自身のためだ。経営計画書は、社長自らが作成するのだが、そのためには社長自身が会社の現状や課題をしっかりと把握して、近い目標、中長期の目標を設定していかなければならない。この作業を社長自ら行うには、会社の数字はもとより、社内制度や仕組みの整い具合、社員の能力などについても知る必要がある。そこがわからなければ、会社の現状や課題など見えてこないからだ。当然ながら、会社のことを知らない人間に会社の将来を描くことなどできないし、先頭に立って社員を引っ張っていくこともできない。だから、経営計画書を作成することは、社長としての自覚を育む手段の一つにもなる。

目的の二つ目は、社員のためだ。経営計画書は、社長の決意表明であり、会社が今後進むべき道とゴールを明らかにしたものなので、社員も目標を共有することになる。これは一倉先生の教えだが、「人間というものは目標があると、それに向かって努力する生き物。そのため、経営計画書で目標を明示すれば、社員が同じ方向を向けるようになり、全員経営が可能になる」。

社内に目標という共通言語が生まれると、社員同士、コミュニケーションをとりやすくなり、目標について会話が重ねられることで、社員の一体感が醸成されていく。その過程で、目標に対する理解度は深くなり、達成するために社員一人ひとりが何をすべきなのかが明確になっていく。それにともなって、達成へのモチベーションも上がっていくはずだ。

そして、目的の三つ目が、ステークホルダーのため。お客様や銀行、取引先などに「売上100億円を目指す」「上場する」と宣言し、その達成のために何をしていくのか説明することで、ステークホルダーから信頼を得ることができる。中長期のビジョンを描き、達成するための戦略までしっかり考えている企業だと周知できれば銀行も信頼してお金を貸せるし、取引先も長いお付き合いができると安心する。また、経営計画発表会で話すことは、パブリックな約束となるため、達成へのプレッシャーを社長自身や社内に与えることもできる。

ただ、父の時代の経営計画発表会は、中途半端なものだった。経営計画書を作成して参加者に配るわけでもなく、考えてきたことを父がみんなを前に口頭で話すだけ。そのため、参加者の記憶に刻まれることなく、発表会後に開かれる懇親会という名のドンチャン騒ぎが終わる頃には、どんな内容だったのか、ほとんど忘れてしまっているというありさまだった。

現在も懇親会は行っているし、サプライズで芸人さんを招いて、大いに笑える内容にしている。ただ、それが堅苦しい経営計画発表会だけでは、社員も義務的に参加するだけで、その内容をしっかり理解しようという気持ちはわいてこないだろう。そこで、楽しい時間をセットにすることで、前向きに参加したいという気持ちを醸成するために行っている。

そのような意図もなく、懇親会のおまけのように開催されるだけでは時間とお金をかける意味がない。そこで、私の代からは経営計画発表会の内容にも工夫を凝らしている。まず、経営計画書をきちんと作成して、発表会の場で配布するようにした。SPDの考えていることを参加者に理解してもらうのが目的なので、グラフやチャートなどビジュアルを駆使しながらわかりやすさを追求したつくりになっている。内容も、上場企業レベルのクオリティに仕上げることに注力した。例えば、警備業者数や警備員数の推移をグラフで示したり、業界トップ企業から自社の順位までのランキングを、企業名を出して載せたり。一都三県に本社がある社数や前年比で売上が伸びている社数を掲載しているほか、独立系企業と大手企業グループ会社の社数にも触れている。

SPDは、2022年時点の売上高で見ると、業界23位なのだが、近しい順位にいる競合企業の詳細を掲載することで、ライバルを具体的にイメージできる工夫もしている。

警備業者は１万５００社くらいあるため、他の警備会社のことなど、社員はあまり知らないのが実際のところ。「あの会社を超えていく」といったとしても、対象にリアリティがないと気持ちはなかなか昂《たかぶ》らないので、ベンチマークとして具体的な競合企業を掲載することにしたわけだ。

こういった業界動向や自社の業績を踏まえたうえで、長期目標である売上高１００億円達成に向けた成長戦略を示すことで、成長戦略で語られる内容を実行する必要性を参加者に感じてもらうこともできる。

警備市場の売上高

1986年から2005年にかけて、大きく市場規模を伸ばしたが、ここ近年は1％弱の成長規模となっている。2020年にはコロナの影響もあり、業界自体がマイナス成長となったが、2022年は微増ではあるが成長に転じた。

(1986-2022、億円、％)

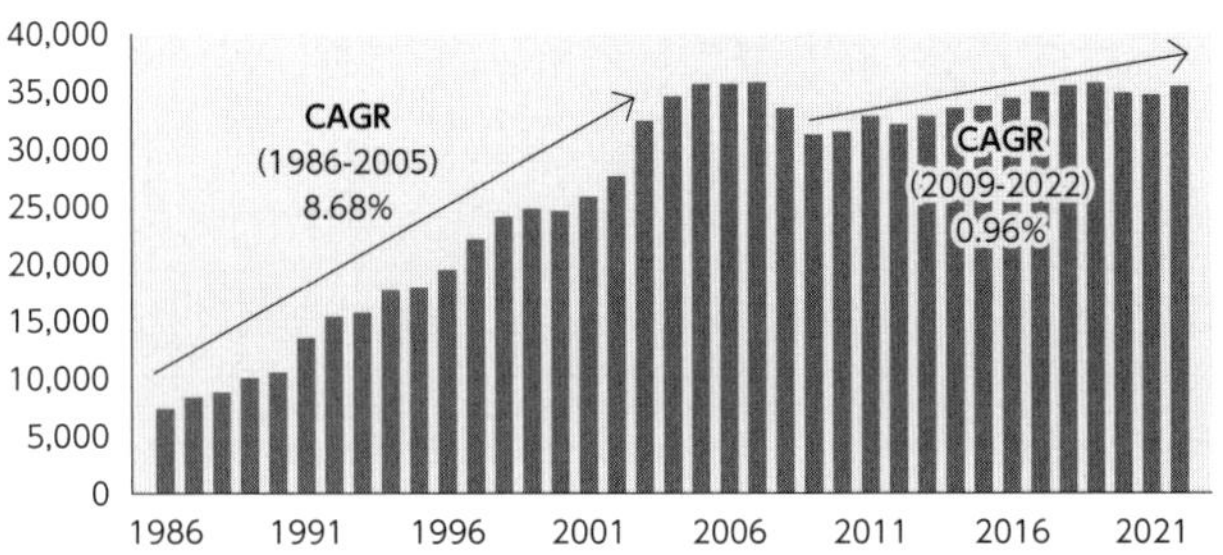

出典：警察庁生活安全局　警備業の概況

Chapter 4

150億円企業に向けた“未来ビジョン”

警備業界の市場変化を的確にとらえ、自社の成長戦略を描く

最初に断っておくが、私が会長となり社長を高橋慶彦へ引き継いでからは、社長業のすべてを彼に任せている。私は、彼らを信頼しているので、「やる」といったものについて「やろう」というだけ。そのため、これから語るSPDの成長戦略は現社長を中心に経営メンバーがまとめたものだ。

警備業者は1万社以上あると説明したが、その規模はさまざまで、数名規模から数千、数万人規模まで幅広い。市場規模は、1989年、1990年あたりで売上高1兆円を超えてから右肩上がりで上昇していき、2007年頃には約3兆5000億円規模にまで成長した。しかし、リーマンショックによって約3兆円規模まで落ち込み、その後、東京オリンピックに向けて受注価格と需要が上昇したおかげで市場規模も徐々に回復。コロナ禍で再び下がったもの

の、約3兆5000億円規模あたりを推移しているのが現状だ。

ただ、コロナ禍によるイベントの縮小など需要が減ったことで、価格競争が再び始まりつつある。そこへ、日本の人口減少など社会的要因も加わって、リーマンショック前のような右肩上がりの成長を見込める材料は、現時点では見えていないという状況だ。

一方、ＳＰＤはというと、年平均7％の成長率を維持できている。その原動力となっているのが、安定的な売上が見込める常駐警備への注力だ。オフィスビルや商業施設、宿泊施設、医療施設、教育

SPD売上推移と計画

2008-2022年の14年間で、年平均9.48%成長と大きく躍進した。
今後の10年計画では、7%成長を目指し、10年後には約150億円の売上を見込む

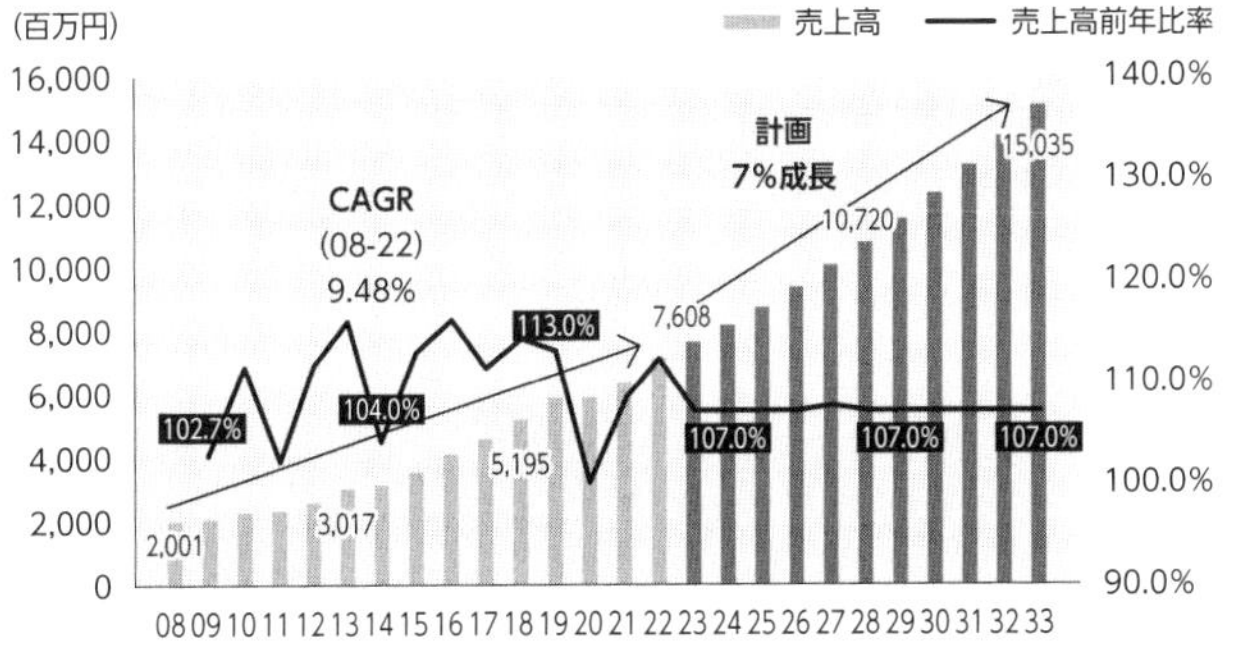

出典：SPD

施設などに警備員が常駐して行う警備事業のことで、その多くが年単位の契約になる。

常駐警備は、サービス業の一面も持ち合わせていて、機械には簡単に置き換えられない「人」ならではの温かいサービスが業務品質に直結する。警備員のホスピタリティが問われる警備ともいえるだろう。

ＳＰＤは、お客様を大切にする文化が根付いていることもあり、常駐警備だと優位性を発揮しやすい。年単位で警備を請け負うことができるため、お客様との信頼関係を築きやすいという利点もある。北浦和発祥の企業であり、長らくＪリーグ・浦和レッドダイヤモンズの試合の警備を担当しているなど、埼玉県ではそれなりに認知度もあるため、しっかりとした事業基盤を築けている。数十年にわたってお付き合いさせていただいているお客様も少なくなく、「いい仕事をするから」とお客様が所有する他の施設の警備を発注いただくことも多い。こうしてお客様内シェアを拡大していくことで、着実に売上を伸ばしてきたというのが、これまでのＳＰＤのやり方だった。

しかし、今後も持続的に成長していくためには、常駐警備に加えて、新たな事業の柱が必要だ。その柱になり得ると考えているのが、イベント警備だ。

イベント警備はその名の通り大規模なスポーツイベントや大規模花火大会、大規模コンサートなどのイベント会場で来場者の安全を守るとともに、スムーズなイベント開催のため、交通整理や人の誘導なども行う。常駐警備に比べると単価がとても高く、利益率が高いという特徴もある。

ただ、イベント警備は、イベントごとの単発契約であることが多い。しかも、イベントのたびに、大勢の警備員を確保しなければならないという難しさもある。常駐警備であれば、年単位で仕事が発生するため、警備員の増員も計画的に行える。一方、イベント警備は特定の時期に警備員を用意する必要があり、イベントが終わり、すぐ次のイベント警備を確保できなければ、大量の余剰人員を抱えることになりかねないというリスクがある。そういった難しさから、これまでSPDでは常駐警備を重視してきた。

だが、常駐警備に重点を置いていた分、これまでイベント警備の受注は少なく、まだまだ伸びしろが見込める。特に、東京では大規模なイベントが数多く行われており、SPDが食い込む余地が多く残されているはずだ。浦和レッズや大宮アルディージャなどのホームゲームや埼玉県内の大規模花火大会で警備を担当しているだけでなく、かつて長野オリンピックの警備を担当したという実績もある。そこを評価いただき、これまでもイベント警備の引き合いは来ていたのだが、人員の確保の難しさを考慮して断っていたという経緯もあった。それを今後は、積極的に受注していこうと考えている。

イベント警備を通じて、都内の実績を積み上げることができれば、都内における常駐警備の話も増やしていけるだろう。恵比寿に本社機能を設置したのは、今後、東京での受注を増やしていくためでもある。

ありがたいことに、お客様には恵まれていて、いろいろと声をかけていただいている。そのため、この成長戦略を実現するためには、人員の確保など社内インフラの整備が重要になってきており、現在、さまざまな施策を進めているところだ。

Chapter 4

150億円企業に向けた“未来ビジョン”

3・5%の営業利益を5%台に。この目標を2027年までに達成！

　ここ数年、ＳＰＤは業績の伸びにともなって、組織も大きくなってきている。ただ、急激に成長してきたため、規模の拡大に社内の体制が追い付いていないのが現状だ。このままでは、年平均7％の成長率維持や営業利益率5％台という目標を達成するのは難しい。そこで、目下、社内インフラの整備、再構築を進めている。

　これまで受注案件の管理は、慣例的に担当する事業所に任せていた。神奈川の案件については、神奈川事業所が管理を担当して、本社はほとんど介入しないといった具合だ。各事業所が個人商店のように独自の判断で動いていたようなものだった。それほど規模が大きくない間は、それでも何とか機能していたのだが、人が大勢入れ替わり、ベテランがグッと減ってしまったこともあって、そこかしこで機能不全が起こりはじめていた。

これでは、事業所によってお客様に提供する品質にバラつきが出てしまう。事業所単位で品質が統一されているならまだいいが、部署の責任者の考え方が仕事のやり方に強く表れてしまうところも目立ってきていた。人が大きく入れ替わったことで、社員一人ひとりの実力差が広がっていたという事情もあった。

この状況を放置したまま今後組織がさらに大きくなっていくと、事業所ごとの品質のバラつきが一層顕著になっていってしまう。なかには、SPDとして最低限確保しなければならない品質を下回るところも出てきてしまうだろう。

そこで、全事業所の品質管理を行う横串の部署として「品質管理部」を設置。各現場で警備員を管理する立場にある社員が業務に対する理解を深められるよう、定期的に研修を企画・実施している。これによって事業所ごとの品質のバラつきを抑えるとともに、品質の底上げを図っていくのが狙いだ。

また、事業所ごとの品質のバラつきや業務の標準化が実現すれば、事業所間で人を融通することも容易になる。警備員の手配さえつけば獲得できる案件があったとき、余剰人員のいる他の事業所から一時的に人員を借りることで受注につなげることができる。それはSPD全体として売上を伸ばすことにもなる。会社全体として品質を管理することには、こういったメリットもある。

警備事業では、人を増やしていくことが売上増に直結するため、業績を伸ばしていくには、「人」の確保が最重要課題になる。

事業間で人を融通し合うのにも限界があるため、どうしても採用力を高めていく必要があるわけだ。そして、実力のある人に入社してもらい、できるだけ長く働いてもらうには、「SPDで働きたい」と思ってもらわなければならない。そのためには、自分の働きに対して「適正に評価されている」と納得してもらうことが重要な要素になってくる。

どういう基準で評価されているのかが不透明では、「どうせ、上の人間が勝手に決めているのだろう」と思われても仕方ない。実際、かつてのSPDでは、上司の匙加減で評価が決まるようなところもあった。それでは納得感など得られるはずもなく、思っていたより評価されていないと感じたときの失望感も大きくなってしまう。結果、仕事へのモチベーションが下がったり、会社を辞めたりしてしまうという事態は避けたかった。

そこで、公平性と透明性を重視して、人事評価制度を再構築した。社内の人だけ、しかも上の人間たちだけでつくってしまうと、「会社に都合のいいものにつくり直しただけ」と思われてしまう可能性がある。そこで、外部の社労士の方に委託して、警備業界における一般的な水準をベースに人事評価制度を組み立ててもらった。

完成した制度について社員に説明するときも、社内の人間ではなく、社労士の方にお願いし、評価基準やそれに応じた給料の金額に至るまで、根拠を示しながら丁寧に話してもらうことを選んだ。あくまでも、一般的な警備会社の人事評価制度がベースとなっていること、公平で透明性の高い制度だということを理解してもらうためだ。また、「働きやすい職場づくり」には、業務の標準化・効率化も欠かせないため、デジタル技術の活用を推進。「上場企業レベル」

を基準に、各種規定や社内制度の整備にも取り組んでいる。

　警備事業においては、東京への本格的な進出やイベント警備の強化を推進し、「選ばれる警備会社」となるためのブランディングや社内環境の改革・整備にも力を入れてきている。

　こういった取り組みが実を結べば、成長率7％の維持、営業利益率5％台も実現性を帯びてくるだろう。2027年度に売上100億円達成という目標だけでなく、2033年度に売上150億円を達成することも夢物語ではない。

SPD営業利益率の推移

近年、営業利益率がかなり改善、安定してきている。2023年度の見込みは、過去最高額を見込む。営業利益率5%台の実現を目指して、さらに進んでいく。

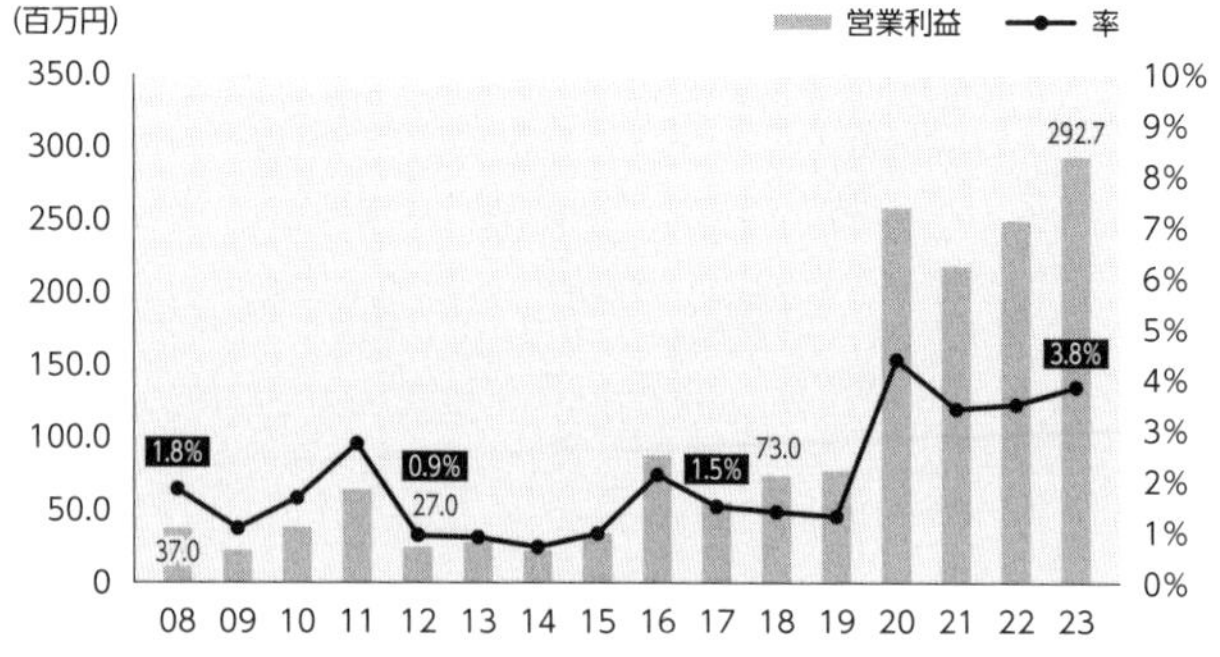

資料：SPD（23年度は予測）

Chapter 4

150億円企業に向けた“未来ビジョン”

その先にある壮大なSTORY。SPDが「100年企業」になるために

私は、何かに固執するタイプではない。20歳そこそこのときにSPDを辞めて不動産会社へ移ったのも、4年ほどで社長から会長へ退いたのも、仲間や後に続く人間、会社のことを思ってのことだが、もしも、私がポジションにしがみつく人間だったら、そんな発想すら浮かんでこなかっただろう。

固執しないというのは、ビジネスにおいても同様だ。警備事業は本業であり、SPDの柱となる大切な事業ではあるが、一生、警備事業だけでやっていけるとは思っていない。産業の突然死ということもあるわけで、警備業界がいつまでも安泰とは限らないだろう。不確定な未来に備えるためにも、常にさまざまなビジネスの種を蒔いておくことが大切だ。それに何より、新しいことをはじめるのは楽しい。ゼロイチで新しいことを立ち上げるのは得意でもある。その

ため、近年は他のビジネスをはじめたいという欲がムクムクとわいてきている。

実は、すでにカラオケバーや居酒屋など飲食店を4店舗経営している。仙台時代から飲食店にはチャレンジしていたのだが、自分が直接経営すると、どうしてもうまくいかなかった。そこで思い切って、物件探しから内装、運営まで信頼できる仲間に任せたところ、これがうまくいった。以降、少しずつ店を増やしているところだ。目指すは、100店舗。現状、居酒屋やカラオケバーなど業態もブランドも異なる飲食店を経営しているのだが、繁盛店ができたら、そのブランドを多店舗展開していこうと考えている。いつの日か、「熱烈中華食堂 日高屋」を超える飲食店をつくるのが目標だ。

警備事業は、どうしても受け身にならざるを得ない。警備を発注してくださるお客様ありきのビジネスモデルで、メーカーのように自社で商品や価格を決めることができない。SPDは各地に事業所を出しているが、それも、お客様が進出した先で施設警備の需要が発生したからにすぎない。そのため、飲食のように自社が主導権を握れるビジネスの展開には意味があると考えている。

もう一つ、飲食店以上にやりたくてムズムズしているのが、医療だ。

私は病院へ行くのが嫌いなのだが、その理由を考えたとき、待たされることとサービスの悪さが原因だと気づいた。具合が悪いから行っているのに、長い間待たされるというのは、いただけない。患者は病院にとってはお客様であるはずなのに、「さん」付けで呼ぶのもどうかと思う。私が過呼吸になったときに行った病院では「原因がわからない」と。診療報酬をとっておいて、わからないとはどういうことかと、カチンときたものだ。

現状、サービスの悪い病院しかないのだから、サービスの質が高い病院をつくれば戦わずして勝てる——そう思いついてから、すぐにでもはじめたくて仕方なくなっている。イメージしているのは、テーマパークのような病院だ。温泉に入れたり、おいしい食事ができたりするといった、行くのが楽しくなるような病院があれば、付き添いで行く人も楽しむことができる。発想は、「行く必要のあるところを行きたい場所」へ変えるだけ。

また、24時間看護はやらないので入院病棟は設置せず、通院のみ。手術も行わず必要な場合は大病院への紹介状を書くというスタイルにすれば、働く医師や看護師の負担も軽減できるだろう。おそらく、医療業界からは敵対視されるだろう。でも、そんなことは関係ない。お客様が楽しんでくれるか、満足してくれるのか。そこをもっとも大切にする病院をつくりたいと考えている。

SPD単体でも売上高150億円を達成できるだけのポテンシャルはあると思っている。でも、何が何でも単体で150億円を売り上げる必要はないというのが最近の考えだ。現在、社内向けの研修に手を加え、「楽しめて、身につく研修」を開発しているところだが、効果があることがはっきりすれば、教育事業を立ち上げて社外へ展開することを考えている。

SPDのボードメンバーはMBAを取得しており、上場も視野に入っているSPDにおいて経営経験も積んでいる。彼らであれば、経営コンサルタントとして、実践的な経験を踏まえた実のあるコンサルティングを提供できるはず。それを事業化してもいいだろう。現状、うまくいってはいないが、IT事業にも取り組んでいる。

経営の手法として、事業領域を絞り込み、そこを深耕していく方法もあるだろうが、さまざまな事業を手掛ける会社を束ねてグループを構成、事業環境の変化にも柔軟に対応しながら成長していく道を選ぶ方法もある。次々とビジネスの種をまいてゼロイチで立ち上げるのを得意としている私と、一を一〇〇へと成長させることを得意としている仲間がチームを組んでいるSPDであれば、後者を選ぶほうが大きな成果を挙げられるのではないかと思うのだ。

SPD売上推移と計画

グループとして多角経営を推進。警備・飲食・医療の3本柱を中心にビジネスを展開して、2033年には、売上150億円超を見込む。

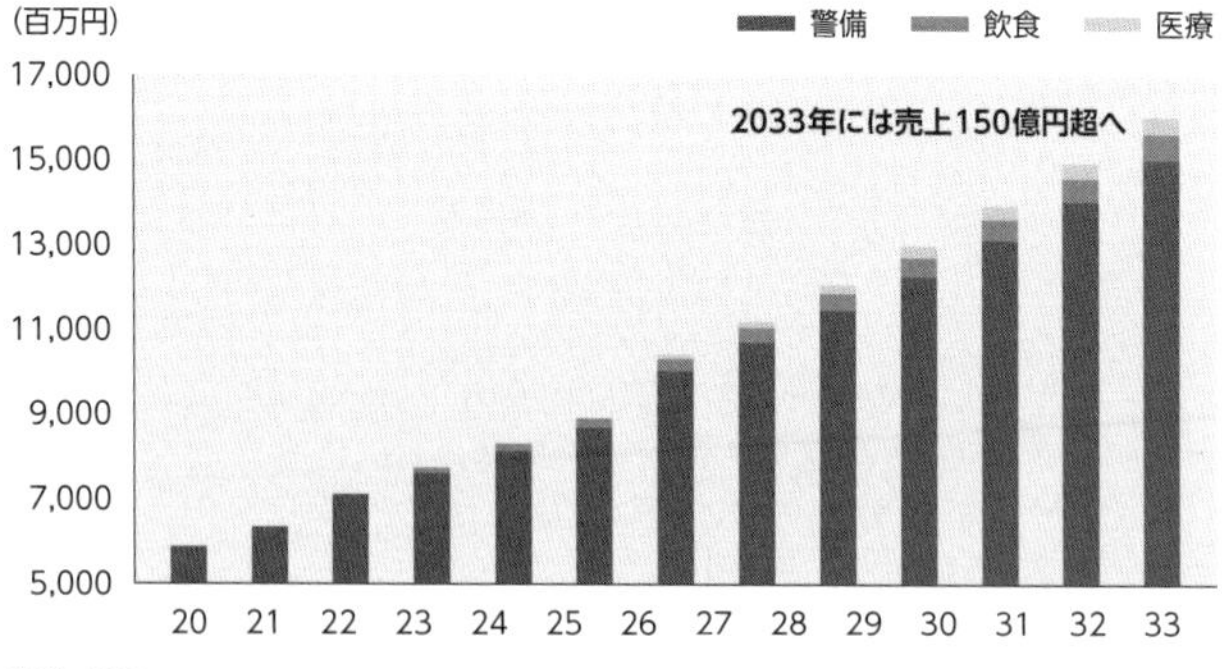

資料:SPD

Chapter 4
150億円企業に向けた“未来ビジョン”

START
UP?
YES!
YES!

Chapter 5

改革の評価。仲間は自分をどう見るか？

「長英となら、自分では絶対に選ばない人生を歩める」

――ＳＰＤ株式会社 代表取締役社長・**高橋慶彦**さん

私が、長英と初めて会ったのは、大学1年生のときでした。彼は、良くも悪くも目立つ存在でした。独特の雰囲気があり、それまで私の周りにはいなかったタイプ。周りにはいつも人がいて、その中心に彼がいるような感じです。長英とは学科が違ったので、同じ授業といえば、教養課程くらいのものなのですが、いつの間にか一緒に遊ぶようになっていました。同じサークルに入ったり、アルバイトをしたり。彼が大学2年生のときでしたか、「人手が足りないから一緒にアルバイトをしないか」と誘われたのが、ＳＰＤとの出合いです。

それからしばらくして就活を意識するようになった時期に、長英から「将来一緒にＳＰＤを経営しないか」って誘われたんです。そのためにも、「まずは大手警備会社に就職して、3年間で課長になってこい」と。そういわれるまでは、安定しているし親も安心するだろうと思い、警察官になることを目指していましたが、長英と一緒の方が面白そうだなと思えました。

私は「石橋をしっかり叩いて、問題ないことを確かめてから渡る」タイプの人間です。それまでたいていのことはソコソコにできてしまう器用貧乏なところもあったので、あまり深く考えることなく、それなりに順調に生きてきました。反面、思い切ったことはしてこなかったといえます。だから、長英に誘われたとき、「自分では絶対に選ばない道だな」と思えたんです。「石橋を叩くどころか、向こう岸まで一気に飛び越えていってしまう」ような長英となら、自分が選ぶ人生では味わえない経験ができる――そんな期待感がありました。

まあ、彼が社長としてSPDへ戻ってくるまでは、それほど一緒に働くことはなかったんですけど(笑)。3年ほどして大手警備会社からSPDに移ってきてから間もなく、彼はベトナムへ行き、商社を起業しました。そのビジネスがうまくいかず数年でSPDに戻ってきたのですが、ほどなく東北支社を立ち上げてそちらへ行き、彼が30歳になる頃にはクビをいい渡されて会社を離れていってしまったので。

私は長英の友達で彼がＳＰＤに連れてきた人間という見られ方をしていたので、社内の風当たりが強かったところはあります。彼がＳＰＤを離れて、仙台でケーキ屋をしている頃、私は横浜支社を任される立場になり、役員にも加わったのですが、新しいことを提案してもほとんど相手にされませんでした。

でも、彼のことを恨みがましく思ったことはありません。ＳＰＤへくることを決意したときから、「彼に何とかしてもらおう」という考えはありませんでした。彼には場所を用意してもらっただけで、ここでやっていくのは自分であり、自分次第でどうとでもなると思っていましたから。その考えが揺らぐことがなかったので、業績の悪かった神奈川事業所を立て直し、業績トップの事業所にすることができたのだと思います。

とはいえ、本当に困ったことが起これば、必ず長英は助けてくれることもわかっていました。学生の頃も、いろいろ助けてもらっていました。彼はそういうやつなんです。

葛藤を経て下した「クビ」という決断

2016年に長英がSPDに復帰して役員となり、その後代表取締役に就任して、仙台からリモートで経営に携わっていたときは苦しかったのだろうと思います。彼の父の代からSPDで長く働いていた前社長や役員たちは、「現状、それなりにうまくいっているのだから、従来のやり方を変える必要などない」という考えで、長英のいうことに従おうとはしていなかったからです。表面上は従うふりをして、結局、うやむやのうちに長英の指示をなかったことにしてしまうことがほとんどでした。面従腹背といった状態です。

それでも最初のうちは、そんな役員たちと理解し合えないか、同じ目標を共有できないかと、社内勉強会を開いたりセミナーに行ってもらったりしていましたね。でも、結局、チームになることはできませんでした。「彼らがいると、SPDの成長はない」――そう思い至ったからこそ、長英は昔からの役員たちのクビを切る決意をしたんです。

ただ、そう決めるにも葛藤があったと思います。人に見せることはほとんどありませんが、彼はすごく繊細で心配性なところもありますから。クビを切るにしても、当時会社の実権を握っていたのは旧来の役員たちの方で、彼らとお客様との関係性などもすべて把握できているわけではありませんでした。長く会社を離れていたので、それは仕方ありません。しかし、クビになることを察知されて、お客様を連れて出ていかれたらどうしようと考えていたはずです。実際、お客様を持っていったり、人を引き抜いていったりした役員もいましたから。そういうこともすべて覚悟の上で、クビにするという決断をすることができるのが、長英です。私には、到底できない決断だったと思います。

旧来の役員がいなくなり、長英が社長になったことで、私や現在専務をしている者などは、動きやすくなりました。仕事を任せてもらえるので、以前のように理由のわからない抵抗にあって、もたつくこともなくなりました。長英は、任せたからには細かいことはあまりいいませんから。

社名からロゴ、スローガン、社内制度、仕組みに至るまで、次々と刷新することで、新ＳＰＤをブランディングしていったスピード感もすごかったです。社員も大幅に入れ替わったことで、社内の雰囲気も入れ替わりました。そういう改革を積み重ねたからこそ、運もついてきて、業績向上という成果を出すことができたのだと思います。

現在は、長英が会長になり、私が彼から社長を引き継いだことで、学生時代に約束していたことが実現しています。でも、それだけ長い付き合いのある友人だからこそ、なあなあになってしまう危険もあるし、周りが私たちに何かをいいにくい雰囲気が社内に生まれてしまう恐れもあります。そこには注意しながらこれからも同じ目標を追いかけていきたいですね。

「胆力、決断力、行動力には目を見張るものがある」

――株式会社荻野屋 代表取締役社長・**高見澤 志和**さん

長ちゃんは、出会ったときから行動力がすごいと思わせる人でした。初めて会ったのは、経営者や後継者が集まる勉強会の海外研修旅行です。香港で開かれた夜の懇親会で初めて話したのではなかったかな。長ちゃんが20代の半ばくらいで、上海万博の年だったので私は34歳のときだったと思います。

彼は、当時ベトナムに住んでいて、そこから香港へ直接来ていたはずです。底抜けに明るくて、フレンドリーでした。いつのまにか研修参加者と仲良くなっていて、「あそこへ行こう、ここへ行こう」と声を上げてはみんなを引っ張っていくんです。「上海に滞在した夜には、地元の若者の遊び場に行ってみたいということで、長ちゃんが見ず知らずの中国人に話しかけて案内してもらい、一緒に羽目を外しました。その帰りに酔っぱらってホテルの噴水に飛び込んだり、彼との時間は楽しく、また日本でも飲もうと誘っていました。

もともと私の父親と長ちゃんの父親がともに経営者で仲良かったということや、社長の息子という同じ境遇だったことから、気が合ったのかもしれません」。

それから、時間が合うとき一緒に飲むようになりました。


彼は一見すると豪快で細かいことは気にしないタイプに見えます。でも、繊細で努力家なところもあるんです。特に、経営についてはすごく勉強熱心でした。彼がSPDを離れて仙台にいた頃は、向上心も高く、経営に役立つことはいろいろ吸収しようと本を読んだりしていましたよ。

そのことを知っていたので、荻野屋へこないかと誘ったこともあります。長ちゃんに会社を経営する力があることは感じていましたし、そのときすでに私は社長になっていて実践的な経営経験もあったので、それを彼に伝えることで、もっとすごいことができるかもしれないと思ったからです。

それは実現することはありませんでしたが、彼がSPDの社長になってから会社が成長していく様子を社外取締役として見ていて、あのとき思ったことは間違っていなかったなと感じたものでした。

ただ、昔からSPDで働いていた役員のクビを急に切ったときは、正直、やりすぎではないかと思うところもありました。

自分も経験ありますが、会社に長く貢献している人であると考えると、情が邪魔してしまい簡単に切ることはできませんが、長ちゃんの場合いとも簡単に切ってしまった。しかし、会社の成長を思い、それを決断する胆力や、決めたら即座に行動へ移す行動力には、あらためてすごいなと思ったものです。

あそこまで「任せきる」ことは自分にはできそうもない

社外取締役として、側で長ちゃんの経営手法を見るようになり、いい意味で影響を受けているのが、「任せる経営」についてです。

私も人に任せることをしなければいけないことは、頭ではわかっているのです。そうしなければ、人が育たないから。それに、一人だけでできることには限界があるので、任せるべき部分を最適な人に任せることは、さらなる会社の成長につながっていくことも理解しています。

ですが……任せたことに対して、任せた相手のことを心から信用しきれないところがあります。見ていて、もどかしく感じたり、「自分がやったほうが早い」と思い、つい口を出してしまったりするのです。

でも、長ちゃんは、「任せる」と決めたら、余計な口は出しません。現社長も専務も長年付き合いのある友人とはいえ、あそこまで任せきるのは簡単なことではないはずです。それでも、自分が信頼すると決めたら、とことん信頼できるところは見習うべきだなと感心しています。

それに、任せたからといって放っておくようなこともしません。彼は意思が強く、「自分」というものをしっかり持っていますが、意固地になるようなところはなく、社外取締役である私の意見にも、謙虚な姿勢で耳を傾けてくれます。そのことに対して、自分の考えをしっかりと伝えてくれますし、受け入れるべきだと思ったことについては、経営に取り入れてくれたりします。だから、社外取締役をする甲斐があると感じられるのです。

また、仲間をつくって、みんなで目標を共有し、議論を重ねながら一緒に前へ進んでいくチーム経営も参考にすべきところがあると感じています。経営においてはトップダウンもさまざまな利点がありますが、未来が見通しづらく不確かな時代である今は、経営に携わるメンバーがみんなで問題意識を持って意見を出し合い、チームの総合力で成長を目指すほうが、状況の変化にも対応しやすいのではと感じる部分もあるからです。

SPDの場合、このチームの結束力の強さが、成長の原動力になっている気がします。それぞれ役割分担がきちんとできていて、それぞれが役割を全うするために、成長しようという意欲も高い。そういう仲間をつくれてしまうところが、彼の強みの一つなんだと思いますね。

ただ、そこが長ちゃんの弱点にもなるのではないかと心配しています。彼はとても人が好きで、気に入った人とは絆を深めたい、深く付き合っていきたいと強く思う傾向があります。

そのため、周りに集まってくる人の中には、「付き合って大丈夫か？」と不安になるような人が混じる可能性があるのです。彼の立場を利用して、いい思いをしようと考える人間は必ずいますから。

だから、近づいてくる人をもう少し多方面から見て、大丈夫な人かどうかを確かめる慎重さも持ち合わせてほしいなと感じています。う〜ん、でも、そうなると彼らしくなくなってしまうかも――。何が正解なのかはわかりませんね。

もう一つ、要望があるとすれば、会長になったとはいえ、もう少しＳＰＤの経営にも参加してほしいということです。長ちゃんとしては高橋社長に任せていることは理解しているし、高橋社長もしっかりと経営していることもわかっています。でも、ちょっとわがままをいわせてもらえるなら、もうちょっと長ちゃんがＳＰＤを経営する姿を見てみたいと思ってしまうのです。

「長英のような侍が、これからの日本には必要なんだよ」

――本格中華料理店 王龍 オーナー・広田強志（黄強）さん

私はね、侍に憧れて上海から日本へ来たんです。借金してお店を出して、マイナスからのスタートでした。そこから一生懸命働いて、今までやってきました。でも、今の日本社会には、侍といえるような人はほとんどいない。自分さえよければいいっていう人たちばかりで、そこに「自分」という軸も覚悟も哲学もないんだ。

この間、浦和の駅近くにあるパルコ前でイベントをしていたとき、向かいにあるビルの屋上で女性が柵を超えて座っていたんです。いつ飛びおりてもおかしくない様子で。でも、周りにいる日本人たちは茫然と眺めるだけだったり、スマホで写真を撮ったりするだけで、誰もその女性のところへ行こうとしない。だから、私は履いていたスリッパを脱いで裸足で女性のところへ走りましたよ。

何とか止めることはできないかと思ったから。結局、救急隊の人が来て、女性を保護することができたんだけど、私以外、誰も行こうとしないというのは、寂しいでしょう。「日本、どうなっているんだよ」と思いましたよ。

でもね、長英には、失われつつある「侍」らしさを感じるんだ。

彼の従兄がお店にきていたことから、長英も10代のときから店にくるようになっていた。だから、昔の彼もよく知っているけど、とにかくやんちゃだったね。親のすねをかじっている若造で、大学生なのに学校にも行かないし、毎日遊んでいたから。だから、彼に対してマイナスのイメージを持っている人は多いんじゃないかな。

でも、彼には「情」があるんだ。仲間が困っていると、必ず手を差し伸べる、助けてあげる。遊んでばかりいるようでいて、周りのことをしっかり見ているし、仲間のちょっとした変化にもよく気がつくんだ。そんなそぶりはあまり表に出さないから、誤解されやすいのだと思うよ。でも、しばらく彼と付き合っていれば、そのことがよくわかるから、人が寄っていくんだよ。私は彼より20歳くらい上だけど、本当によく一緒に遊んでいるから。

それに、長英は自分の哲学をしっかりと持っている。だから、自分の思うままに生きている。彼には、周りには抑えられないようなところがあるけれど、それも、自分の哲学に従って生きているからなんだと思う。

私もね、自分の生き方や哲学を曲げようとは思わない。犯罪は絶対によくないけれど、それ以外は、その人の生き方なので、正しいとか正しくないとかは、実はどうでもいいと思っている。例えば、コロナ禍でもマスクをすることはしなかった。それは自分のお店でも一緒。お客様の中には、「なんでマスクをしないんだ」といってくる人もいたけれど、それはあなたの価値観であって、私の価値観ではないといっていました。二回同じことをいわれたときは、「嫌なら来なくていいよ」と。あなたの価値観を否定することはしないけれど、あなたに私の生き方について責められるいわれはないといいました。

これは一つの例だけど、長英も自分という軸を持っているから、周りのことに振り回されるようなことはないし、他人の生き方に何かいうようなこともない。そういうところに、自分の考え、生き方をしっかりと持っていた「侍」に通じるものを感じるのだと思う。誰を見ても同じようにしか見えない、個性のなくなった今の日本人には、長英みたいな人が必要なんだよ。

実は、経営のこととか、人に見せないところで考えている

ビジネスに関して彼は、センスがいい。普通の人はね、一生懸命考えて、一生懸命努力しても、それほど結果は出ないもの。でも、長英が同じことをすると、普通の人の何倍もの成果が出るんだよ。生まれつきの才能なんだろうね。

うわべだけ見ている人だと、お酒飲んで、遊んでばかりに見えるけれど、彼はいろいろ考えているし、勉強もしているんですよ。いつ頃のことだったかな、

従兄と一緒に長英が大晦日に店に来て、正月の朝5時くらいまで飲んでいたことがあった。そのとき話していたのが、自分が社長になったらどう経営するのかといったこと。そこで話していた内容が、結構しっかりしていた。それも当然なの。彼は経営の勉強をしっかりしていたから。勉強会やセミナーに出ていたし、自分ならこうするといったことをきちんと考えていたんだ。本人は、そんなことはいわないけどね。

SPDも彼が社長になってから業績が伸びたし、今は飲食店もやっている。東京・中目黒にカラオケバーを出して、今では4店舗を経営するようになっている。昔から経営のセンスはあったし、今も彼という人間の本質は変わっていないのだろうけど、仙台にいたときに、ビジネスに関して見る景色が変わったんじゃないかな。うまく説明できないのだけど、前は山の中腹から見ていたんだと思う。それが、仙台でいろいろ経験したことで、もっと上の方から景色を見ることができるようになったという感じかな。高ければ高いほど、全体像が見えるし遠くまで見通せるようになるでしょう。

実は、私の中では彼が仙台にいたときが一番輝いて見えた。別に、今が輝いていないわけではないけど、奥さんと二人三脚で純粋な一人の男として仕事を一生懸命頑張っていたから。今と比べれば、ケーキ屋で売上もまるで少ないけれど、朝から晩まで働いて、夜遅くに配達へ出かけて行ったりしてね。地元の人と仲良くなったり。ビジネスとしては、うまくいっていない時期だったけど、その分、どうやれば売上が上がるのかとか、純粋に仕事と向き合っていたから輝いて見えたのかな。

さっきもいったけど、長英みたいな人間が、これからの日本には必要だと思う。彼は、世の中のためにもっといろんなことができる男なんだよ。でも、病気になったらできなくなってしまう。だから、お酒だけはもう少し加減してほしいな。別に彼の健康を気にしているわけではなくて、世の中のためを思うと、長英が何もできなくなるのは、もったいないからさ。

「いい、マズいをはっきりいってくれるから楽しい」

――フードサービスグループ総料理長 鉄板焼 京（みさと）・高野年之さん

私は今62歳で、長さんは41歳。年齢でいえば、20歳くらい私が上なのですが、私よりも（彼の方が）先輩なんだなと思うときがあります。そこまで思わせる何かがあるんです。

一緒に飲んでいると、いろいろなことを話します。長さんの生い立ちだとか、これまで経験したことだとか。彼からはいわない部分もたくさんあるけれど、人一倍苦労していると思うし、人一倍嫌なことも経験してきたと思います。私が背負っている人といえばお店の人間や家族などそれほど多くはありませんが、長さんの場合は、何千人という社員さんたちの生活、人生を背負っていますから、肩にのっている重さが違います。

だからでしょうか。普通の人が50歳くらいで気づくようなことに、40歳で早くも気がついているということなのかもしれませんね。もちろん、一緒に飲んでいるときに、彼自身が、そんな雰囲気を出すことはありませんよ。出さないんですけど、そう感じさせる何かを、彼はまとっている気がしています。それに気づけるくらいでしょうか、年の功といえるのは。

長さんが、最初に「京」に来たのは、この店がオープンして間もなくのことだったので、2020年の6月か7月くらいだったと思います。このお店のオーナーと長さんが同じビジネススクールに通っていて、そこのクラス仲間6～7人で来たのが初めてでした。長さんは、その後に行くところのほうが楽しみだったんでしょうね。うちではあまり食べませんでした。他の方は皆さんコースとビールを頼んでいたのですが、長さんは一人だけ、うちで一番高いワインを注文しましたから。どうせ飲むなら、そのときに飲みたいもの、おいしいものをという思いがあるのかもしれません。

最初は、話すこともありませんでした。長さんにとっては、一緒に来ている仲間たちとの時間が大切でしょうし、そこを邪魔してはいけませんからね。

そんなことが何回かあってから一人でお店に来てくれるようになったんです。そこで、「この料理、辛子使ってるね」などと隠し味をいい当てられて、この人はすごいなと思いました。絶対にわかるような量ではないんです。誰かにいい当てられたこともありません。驚きましたよ。それに、マズいときは、マズいとはっきりいってくれるのも長さんだけです。

料理の世界に入って40年、初めてマズいといわれた

私は19歳で料理の道に入りました。ステーキ屋でキャリアをスタートして以来、ボストンやアトランタ、シカゴなどの鉄板焼き店で経験を積み、日本へ戻ってからヴェルファーレというディスコ内の鉄板焼き店の立ち上げに携わったこ

ともありました。その後、独立して麻布十番や西麻布でお店を経営した後、軽井沢でも店を出し、２０２０年にオーナーと一緒に「京」をオープンしています。ずっと鉄板焼き店です。

でも、長さんに鉄板焼き料理を出したことはありません。それは、彼がお店に一人で来るようになってからずっとです。鉄板を使うような料理を頼まないんです。だから、いつも鉄板がきれいなままなんですよ（笑）。

その代わり、イタリアンだったり、フレンチだったり、和食や中華だったり、いろいろ料理します。それが楽しいんです。鉄板焼き以外の料理を本格的に修業したことはありませんよ。ソースについては、鉄板焼きも時代とともにフレンチを活かしたものをつくったりするので、多少はわかっていますけど、それ以外は試行錯誤です。

そうやって出した料理について、彼は、「これはいいね」「これとこれは合わないね」「マズいね」とはっきりいってくれるから挑戦し甲斐があるというのでしょうかね。

結構前に、おそばを出したことがありました。

きちんと出汁からとったつけ汁をつくっていたのでいいだろうと、そばのほうは乾麺を茹でて出したんです。そしたら「これはマズい」ってはっきりと。「つけ汁がおいしい分、そばがもったいない」っていうんですよ。それから、そばは出していません(笑)。

それが、彼から「マズい」といわれた最初の料理だったので、すごく印象に残っています。料理の世界で40年以上やってきて、そこまではっきり「マズい」というお客さんはいませんでしたから。もちろん、内心そう思っているお客さんはいたと思いますよ。何がおいしいと感じるかは十人十色ですから、3割、4割がうまいと思ってくれれば御の字です。でも、内心、マズいと思った方は、何もいわずに二度とこなくなるんです。

でも、長さんはいってくれるし、またお店に来てくれる。だから、次はどういう料理を出そうかと試行錯誤する楽しみがあるんです。味覚も確かなので、真剣勝負ができる。私も40年やってきているうちに、どこか胡坐《あぐら》をかいていたところがあったのだと思います。

長さんに出会って、いろいろな料理を出していくことで、そのことに気づかせてくれました。

お店でいろいろと話すようになって、普段はどんなお店で食事しているのか聞かれたことがあって、和食屋だったりタイ料理屋だったりの話をしたら、一緒に行こうとなって、それからはお店の外でも遊ぶようになりました。

私もそうなのですが、長さんも裏表がありません。人に騙《だま》されるなら騙されてしまえといった考え方も私と似ているところがあって。だから、付き合いやすいのだと思います。話していても楽しいですし、いろいろなことを話します。でも、お酒をもう少し控えてほしいとか、病院で診てもらえばなどという話は聞いてもらえません。なので、無理だけはしないで、いつもの樋口長英で、これからも長くいてほしいと思っています。

「少しクセのあるところが、好きですね」

――TONNY & SEBASTIAN・Tonny（浅河敏直）さん

長くんは、愛情深い男ですよ。

この間も、うちの店と彼の店、もう一店舗合同で屋形船イベントを開いてくれました。彼が発起人ですべて企画して、仕切ってくれて。それぞれのお店のお客さんを招待して50～60人くらい集まったのかな。そこまで大きいイベントは、一店舗だけではできません。お客さんたちも楽しんでくれたし、喜んでくれたので、ありがたかったです。他にもいろいろ動いてくれます。「この人」と思ったら、率先して動いてくれるところがある。根っこの部分が優しい人なんですよ。

長くんが、初めてお店にきたのはコロナ禍前だったので、4～5年くらい前だったと思います。彼はお酒が好きなので、こっちへ引っ越してきたとき、近辺で新しく飲める店を探していたんでしょう。たまたま外の看板を見て入ってきてくれたのだと思います。このビルは飲み屋ばかりが入っているので。

最初の印象は、気を遣える男だな、です。他のお客さんがいたので、周りを見ながら、迷惑をかけないようにしてくれていたのだと思います。3回目くらいで、調子がでてきましたけど(笑)。でも、初めて会ったときから、何かウマが合いました。楽しかったですよ。それからちょこちょこ顔を出してくれるようになりました。

来るようになった頃、彼は大きい会社の社長で、今は会長ですけど、「俺は大きな会社の経営者なんだ」といった偉ぶったところはまったく感じませんでした。相手が若かろうが、年配の人だろうが、どんな役職についている人であろうが、いつもフラットに接しています。世の中には、お金を稼いでいるとか、経営者だとかと偉そうにふるまう人もいますが、長くんは、まったくそういうところがない。

そういうことではなくて、「人としてどうなのか」という本質のところを大切にしているのだと思います。しかも、それを理屈で考えながら実践しているのではなくて感覚的にできている。

そこらへんが私と気が合ったのかもしれないですね。私も、相手の肩書とかで接し方を変えるようなことはしないので。それに、うちにいるときは、うちのルールでやってもらわないといけないのだけど、そこも理解してくれています。豪快な男に見えるけれど、そのへんはきちんとわきまえている男ですよ、彼は。きっと真面目なんだと思います。

人に対して熱く、信用できる男

長くんが気遣いのできる人なんだという思いは、今も変わっていません。私がお客さんの相手をしているとき、気づくと、ちょっと離れたところにいるお客さんの話し相手をしてくれていたりするんです。複数で遊んでいるときは、場を盛り上げようとしてくれますしね。

お客さんが他にいないときは、二人で真面目に飲食店の経営に関する話をしたりもします。彼がカラオケバーを出すときは、そのビルに以前知り合いが店を出していたこともあって、私が教えられることは、いろいろ話しました。そんな感じで、二人のときは、静かに話していることのほうが多いくらいです。

そんなとき改めて思うのは、彼は人の話を聞くことのできる人間だということです。酔っぱらってしまうと、彼に限らず聞けない人が大勢いますが、彼は基本的に、人の話をさえぎって、自分の主張を押し付けるようなことはしません。相手の考え方や生き方というのを尊重しているのかもしれませんね。聞いたうえで、自分のいいたいこと、いうべきことを話せる人間です。

でも、そういう彼の繊細なところは、なかなか周りには伝わらないですね。「樋口長英」という人間を理解してもらうまでには時間がかかるタイプかもしれないです。彼はお酒が入ると言葉がきつくなることもあるので。そんないい方しなくてもいいのに、本当にいいたいことは違うのだろうなと思うこともあります。言葉というのは、受け取り方の問題です。自分は何気なく口にした言葉であっても、受け取る方が深く傷ついたり、心に残ったりすることがあるでしょう。

だから、長さんに「他のいい方があったんじゃないか」と話すことはあります。言葉は大事に使おうと。自分のことをどう話すかは本人の判断なのでいいけれど、人の人生を否定するようなことはいわないようにって。それぞれの人生なので、他人がとやかくいうべきではないですからね。これは、長くんだけでなく、うちのスタッフにも話していることです。

彼が周りから理解されにくいのは、好き嫌いをはっきりいうところもあるのかもしれません。人なんて、誰しも好き嫌いが激しいもので、それを表現するかしないかという違いがあるだけですが、たいていの人は、それを表に出さないで取り繕うでしょう。言葉というものは、相手に残るもので怖いところもあるから、自分を守るためにも好き嫌いをストレートに出さないことが多い。でも、それを表現できる長くんはすごいですよ。

そういうところが好きなんです。誰とでもうまくやれる人よりも、長くんのような感じがいいな、と私は思います。人に対して熱いし、信用できるから。その方が、仲良くなったとき、つながりも強くなりますからね。

彼にいいたいこと？　う〜ん、特にないかな。「体には気を付けてね」というくらいです。彼のプライベートな世界に何かをいうつもりはないし、そこは自分で管理するべきところだと思うので。いっても聞かないでしょうし。だから、今の空気感のまま、お店に顔を出してくれて、楽しんでいってもらえれば、それで嬉しいです。

あとは、いつか一緒に何かできたらいいなとは思います。彼と一緒にするのは、面白そうでしょう。

「自分の世界を持っている人に久しぶりに会ったと思わせる魅力がある」

——株式会社リョーズワークス専務取締役・**押尾 学**さん

長英さんのことを話していると、会いたくなるんだよね。そう思わせるところが彼の魅力なんじゃないかな。

最初に会ったときの印象は、ヘビースモーカーの「おっさんかな」と。年下だとは思わなかったです。お世辞にもきれいとは言い難い格好をしていたので。

出会ったのは、1年半くらい前だったと思います。若い子たちと飲んだ帰りに新しそうなバーを見つけて、行くようになったんです。今は、トレーニングをしたり、柔術の道場に通ったりもしているので、たまに飲む程度ですが、当時は毎晩のように飲んでいたんです。それで、その店に3回目か4回目に行ったとき、店内の奥で変な歌を歌っている人がいたんです。それが長英さんでした。聞いたことのある曲なのに、歌詞に覚えがない。要は、彼が考えた替え歌だったんですよ。その歌詞がおかしくて、ちょっと笑ってしまった。それで目が合って話してみると、「ここは僕のお店です」と。それが話すようになったきっかけです。

それから話すようになって、近所のご飯屋へ行こうとなって……。長英さんは、大きな会社のトップですが、まったく偉そうにしない。それに名刺を持っていないところもいいなと。理由はいくつかあるようですが、自分の正体を誰にでも明かそうとはしないところがいいなと思えたんです。SNSを見ると、自分自慢ばかりしている人がたくさんいるじゃないですか。でも、彼はSNSもしていない。名刺も持ち歩かない。

とはいえ、別に時代に乗り切れていないわけではないんです。とても頭のいい人で、今の時代のこともよく理解しています。でも、時代の流れに沿って何かをやろうとはしていない。あくまでも、自分の考えや生き方のままに生きている。自分のルールやり方をしっかりと持っています。それについて「いい悪い」を人からどういわれようが関係ない。

でも、独りよがりだったり、独善的だったりするわけではなくて、周りには仲間がいて、大勢の社員の面倒を見ているし、その方たちの生活も守っている。そこが、カッコいいと思えたんです。

こういう独特な自分の世界を持っている人は久しぶりだなと。そこが魅力的なんですよ、彼は。


そういう生き方なので、周りから誤解されやすいところもあるでしょうが、あの人は気にしないんです。でも、もしかしたらわざとそういう世界をつくっているのかもしれないですね。自分が社長であること、会長であることが知られると、世の中には、それを目的に近寄ってくる人もたくさんいます。どんなトラブルに巻き込まれてしまうかもわからない。

だから、余計なことはしゃべらず、語らず、好きなお酒を飲んで、好きな人たちと一緒に過ごす空間を大切にしているのかもしれません。これは、私の感覚でしかないので、本人に確かめたことはありませんけどね。

自分の覚悟が伝わっているのかもしれない

このインタビューを長英さんから頼まれたとき、最初は断ったんです。押尾という名前が出るのはマイナスになるかもしれないからと。なるべく表に出ないように考えていて、「自分が、自分が」というのは、芸能界にいた頃で終わりでいいかなって考えているので。

でも、あの人はそんなことは関係ないといってくれました。それでも、私の方が気を遣うからと答えたら「気を遣わないでくれ」って。ありがたいですね。

私は刑務所へ行きました。そういう人間には誰もかかわりたくないですよね。メンタル的にもかなりきついときがあって、人生を諦めかけたときもありました。でも、父親も母親も元気なので、もう一回、「この子を産んでよかった」と思ってもらいたかった。ずっと会っていませんが息子もいます。私を父親とは思わないかもしれませんが、「この人、カッコいいな」と思わせたいという気持ちもあります。そんなことをいろいろと考えていたときに、友人であり、リョーズワークスの社長をしている田中が「俺と組もう」といってくれたんです。最初は躊躇しました。総合建設業を営んでいる会社で、大きな会社との取引もある。私の名前はよくないだろうと思ったので。でも、田中も関係ないといってくれました。そこまでいってくれるなら、トコトンやってやると思って、営業に駆け回りました。人の伝手《つて》をたどって仕事を取ってきたり、テレアポで電話をかけまくったり、飛び込み営業をしたり。1年間以上、平日は毎日営業へ出かけて、土日は現場に入る生活でした。そうして、ようやく今の生活があります。

社長と私が会社にいてニコニコ元気にしていれば、自然とみんなにも伝わります。それで、いい仕事ができて、みんなにとっていい環境ができればいいなと。以前は、演技や音楽に未練もありましたが、今は自分の立場をわきまえているので、この世界で行けるところまで行ってやろうと思っています。いい意味で、見返してやろうと。言葉は悪いけれど、見返せないなら死ねばいいと、そのくらいの覚悟を持って、仕事に取り組んでいます。

そんな覚悟が、もしかしたら長英さんにも少しだけ伝わっているのかもしれないね。彼は、とても温かいから。世の中、困った人がいたら助けるという人はたくさんいますが、本当にそうする人は少ない。でも、彼は本当に困った人に救いの手を差し伸べます。チャンスを何回もあげているのを見ていますから。

彼は私の妻とも仲良くしてくれていて、彼が旅行へ行くと、いつも妻にもお土産を買ってきてくれるんです。そういう気持ちは嬉しいじゃないですか。だから、こっちも返したくなるんです。私の父にも会ってもらったのですが、父も「あの人はいいね」と楽しそうにしていましたし、長英さんも喜んでくれました。そういういろいろなことが積み重なって、つながりが強くなっているんだと思います。今、彼と一緒に柔術の道場を開こうと準備しているところです。

彼とは一緒に何かをやりたいと思わせる魅力があるんですよ。

おわりに

最近の若い人は、「やりたいことが見つからない」といったりする。でも、それは選択肢が増えすぎたからではないか。昔は、選択肢が少なく、その中から選んでいたからやりたいことを見つけられていただけのような気がする。

人間は、モノが三つ以上並ぶと迷って買わなくなるという。それと同じで、情報量が多すぎるのに、若い人は取捨選択するための経験値が足りないため、選べないだけだろう。でも、その状況は、昭和の人間からすれば、うらやましいとも思える。私だって、若い頃からいろいろな情報に触れることができれば、イーロン・マスクのようなことができたかもしれない。

その一方で、情報に振り回されても仕方ないとも思う。人は人からしか影響を受けないので、どんな人と付き合うかで、自分の未来は変わっていく。どんな人と出会い、どういう影響を受けるのかが重要なのだ。

私は20歳のときに、なりたい自分というものを見つけた。

友人の父親で、日本経営協会の元理事長だった方の言葉だ。その方は経営コンサルタントをしていて、年間数百人という経営者に、さまざまなアドバイスをしており、全国から集まった経営者を対象にセミナーを開いていて、私も20歳の頃から参加していた。

でも、そのアドバイス云々《うんぬん》よりも、その方の「会いに来てくれた経営者が『あなたに会えたことで元気が出た。何かやれるような気がしてきた』といってくれる、そんな存在になりたいのだ」という話を聞いて、自分もそういうことをいえる人間になりたいと思った。

まだ、その域に到達したとはいえないが、本書を通じて、少しでもそう感じてもらえる人がいたら、これほど嬉しいことはない。

2024年1月吉日

SPD株式会社 代表取締役会長 樋口長英

3兆5000億円市場の警備業界に挑む

跡継ぎ息子のやり方

～2033年度には150億円企業に！～

2024年1月30日　第1刷発行

著者　樋口長英
発行者　鈴木勝彦
発行所　株式会社プレジデント社
〒102-8641
東京都千代田区平河町2-16-1 平河町森タワー13階
https://www.president.co.jp/　https://presidentstore.jp/
電話　編集 03-3237-3733
　　　販売 03-3237-3731

企画　白川安彦
構成　八色祐次
販売　高橋 徹、川井田美景、森田 巌、末吉秀樹
装丁　鈴木美里
組版　清水絵理子
イラスト　菅沼遼平
表紙撮影　新井大介
校正　株式会社ヴェリタ
制作　関 結香
編集　金久保 徹

印刷・製本　大日本印刷株式会社

本書に掲載した画像の一部は、
Shutterstock.comのライセンス許諾により使用しています。

ISBN978-4-8334-5240-3
Printed in Japan